분노사용설명서

김경희 교수의

분노사용설명서

분노가 일어나는 원리를 이해하자. 분노는 충분히 극복될 수 있다.
분노를 어떻게 사용할 것인가! 위기를 기회로, 이 기회는 더 멋진 인생으로!

인간과문학사

■ 책을 내면서

    인간에게 있어 사랑과 보호, 인정받음의 욕구는 산소와 같은 것입니다. 이러한 욕구가 무시되고 충족되지 않는다면 우리는 늘 초조하고 뭔지 모를 불안과 복잡한 마음을 안고 방황하게 될 것입니다. 그리고 이런 내 마음을 추스르기에 급급하여 상대의 마음을 헤아릴 여유도, 배려할 여유도 갖지 못할 것입니다. 이러한 나는, 남의 눈치를 보거나 혹은 나의 중심으로 모든 것을 통제해야만 하는 삶을 살 수밖에 없을 것입니다.

    늘 무엇인가에 쫓기듯 살아가고, 무엇인가 부족한 듯하여 계속 완벽을 추구해야만 하고, 끊임없이 실적을 쌓아야만 하는 나는 어느덧 내 안의 나와 멀어지고 우울해집니다. 그러다가 사소하고 별것 아닌 것에도 화가 나고 짜증만 더해 가는 나의 삶, 또 다른 화를 낳는 그런 악순환 속에서 어느 날 공허감에 아파할 것입니다.

    내가 아닌 나로 살면서 마음의 공허함만 더해지고 불쑥불쑥 올라오는 알 수 없는 분노들에 당황하기도 했을 것입니다. **왜 사는지? 어떻게 살아야 하는지? 내게 삶의 의미는 무엇인지? 나는 무엇을 원하는지? 즉 나는 누구인가? 라는 공허함**에 묻혀서 오래도록 그럭저럭 지냈을 것입니다. 조그마한 만족이라도 얻어 보고자 노력하는 사이 나도 모르는 여러 중독에 빠졌을 수도 있었을 겁니다.

　문제의 시작은 어쩔 수 없이 '나답게 사는 것'을 중단하였고, 어쩌면 남에게 보여주는 나로 살아가는 데 전반적인 삶이었을 겁니다. 나는 남의 기대에 맞춰서 살기를 나도 모르게 결심하고 계획하고 열심히 살아갔을 것입니다. 이때부터 우리는 진정한 나의 모습(내 감정, 욕구)을 만나지도, 알지도 못하게 되고, 나를 표현하는 데 온갖 어려움을 겪게 되고 나도 모르게 대인관계 또한 엉망이 될 수밖에 없는 내가 되어 가고 있었을 겁니다.

　해답은 간단합니다.
　'있는 그대로도, 당당한 나'로 존재하는 것입니다!

　그럼 우선 해야 할 일은 무엇일까요? ;
　자신의 감정을 다스리고 자신의 감정을 생산적 행동으로 활용하는 방법에 대한 사고과정, 전략, 기술을 익혀 자신의 가장 강력한 긍정적 에너지의 활용법을 익히고 사용하는 것입니다. 특히 분노의 요인을 알고, 분노를 관리하는 기술을 익히고 사용하는 것입니다.
 분노에서 나오는 감정에너지를 제압하고 무력화할 수 있는 준비를 마쳐 자신의 최상의 판단과 사리 분별력으로 선택을 내리고 행동에 옮길 수 있는 힘과 능력을 갖추는 것입니다. 그러므로 자신의 꿈과 목표를 향해 희망찬 삶을 설계하면서 살아가면 성공과 행복을 자유롭게 이끌어 갈 수 있다고 생각합니다.
 행복해지기 위해서는 반드시 의도적인 노력이 있어야 합니다. 자신의 감정과 기분, 충동, 공격 등의 에너지를 통제할 수 있어서 최선의 선택을 내리고 행동에 옮길 수 있게 하는 노력입니다. 이 노력은 묘한 희열과 삶의 활기를 더해 주는 에너지를 생성할 것입니다.

 이런 감정관리의 목적은 ;
 언제 어디서 어쩌다가 '진정한 나' 즉, 나의 내면에 대해 무관심할 수밖에 없었던 나를 이해하고, 그럴 수밖에 없었던 나와 화해하고 용서하게 하는 과정을 갖는 것입니다. 그게 나의 최선이었고 지금까지가 이렇게 살 수밖에 없었던 나의 한계였음을 인정해 가는 것입니다. 그러면 남을 또한 이해하고 용서할 수 있음도 가능해 질 것입니다. '그 사람도 그럴 수밖에 없었겠구나'하고 이해하게 될 것입니다.

이제 우리가 실행할 것은 ;
자신의 **분노 모습을 점검하고, 분석하고, 수정해 가는 것**입니다.

2017년 여름

김경희

| 차례 |

책을 내면서 • 4

제1장 왜 분노관리가 필요한가?

왜 분노가 날까? • 14
분노는 나의 주변관계를 악화시킨다 • 16
분노는 나를 망가지게 한다 • 18
분노는 자연스러운 감정이다 • 21
내 삶의 주인은 나, 분노는 나의 하인 • 25

제2장 분노의 요인들

원하던 상황과 실제상황의 불일치 • 28
상황을 나의 관점에서 판단 • 33
수용범위에 따라서! • 36
분노촉발인자 자극 • 38

제3장 분노의 유형 6가지

　돌발성 분노 · 43
　생존성 분노 · 52
　체념성 분노 · 57
　수치심에서 비롯된 분노 · 61
　버림받음에서 비롯된 분노 · 66
　잠재성 분노 · 75

제4장 분노 다스리는 7가지 방법

　분노에 끼어들지 말라 · 90
　자신에게 친절하라 · 92
　자신에게 호기심을 가져라 · 98
　자존감을 가져라 · 101
　스트레스를 관리하라 · 108
　있는 그대로 보라 · 115
　심장으로 소통하라 · 119

제5장 분노대처방법 5단계

멈추기 • 128
호흡 · 명상하기 • 130
주목하기 • 133
반성하기 • 135
반응하기 • 138

제6장 성공과 행복 증진을 위하여

행복해지기 위해서 만족하기 • 146
행복에 먹이 주기 • 150
자신의 몸, 마음, 느낌 관찰·감지하기 • 154
마음의 평안 누리기 • 158
몸으로 지혜 익히기 • 162
자신의 황금 찾기-자신의 꿈을 현실로 • 166
자신의 감정 에너지 활용하기 • 175
마음의 독소 제거하기 • 182
자신의 분노관리 디자인 • 185
자신의 행복과 성공을 디자인하라 • 191

제1장

왜 분노관리가 필요한가?

우린 지금까지 충분히 아파하면서 살아왔다.
이제 이 상처들을 찾아서 떠나보내도록 노력해야만 한다.

분노관리에 성공하면 우린 행복해지기 때문이다. 또한 나의 운명을 성장시키고 발전시키기 위해서 필요하다. 그러나 분노가 발생하면 보복하려는 경향성과 관련된 에너지가 생성되기 때문에 분노는 관리하기가 어렵다.

그럼 분노는 왜 생길까? ;

내 자신이 상대에게 모욕 및 무시당하고, 공격받았다고 느낄 때 화가 난다. 또한 부당하게 취급받았을 때나 거부당했다고 생각될 때 일어나는 감정이다. 그리고 나의 무의식에서 '나의 것'이 손상되었다는 판단이나 생각에서 일어나는 감정이다. 즉, '나'의 가치관, 견해, 나에 대한 사랑에 대한 손상 등과 연관된 공격성이 분노로 유발되는 것이다.

대체적으로 사람들은 분노를 내가 다스릴 수 있는 존재라고 생각하는 것이 아니라 분노가 곧 나라고 생각한다. 하지만 분노가 내 안에서 일어나는 하나의 현상이라고 객관화시킬 수 있는 능력이 길러지면 스스로의 분노를 관리하기가 쉬워진다. 분노는 나의 습관적 구조에서 형성되는 것이며 내 안의 상처의 흔적들이 쌓이고 쌓여서 누적된 것이 분노의 습관으로 자리 잡게 되는 것이다.

분노의 구조는 쉽게 무너지지 않는다. 그러므로 내 안의 상처를 알아야 한다. 우리 모두는 내면의 상처를 갖고 있기 때문이다.

이승욱은 《상처 떠나보내기》(2011)에서, "깊은 우울, 극심한 좌절, 사랑에 대한 집착, 타인을 향한 분노, 자신의 무가치함으로 인한 주눅 듦, 이 다섯 가지 중 어느 하나라도 경험해 보지 않은 사람이 있을까 했다. 각자의 삶의 여정은 다르지만, 그래서 그 상처의 모습도 다르지만, 사실 우리의 고통과 상처는 대부분 본질적으로 같다는 것이다."라고 말한다.

상처는 최초의 출발점에 있다. 그 상처의 출발점을 알아가는 과정은 힘들 것이다. 하지만 상처에 관해 알게 되었을 때 고통에 꺼둘림당하는 것이 아니라 오히려 자신을 고통스럽게 하는 분노를 장악할 수 있게 된다. 그럴 때 우리는 흔들림 없는 삶을 살아 갈 수 있는 것이다.

우린 지금까지 충분히 아파하면서 살아왔다. 이제 이 상처들을 찾아서 떠나보내도록 노력해야만 한다.

왜 분노가 날까?

분노는 자신이 타인으로부터 모욕이나 무시를 받는다고 느끼거나 자신이 공격을 받았다고 느낄 때 혹은 상대에게 거부당했다는 생각에서 일어나는 감정을 되갚아주는 감정에서 일어나는 에너지이다. 여기에는 나의 것이 손해를 받았다고 생각하거나 나 자신을 드러내는 것이 손상되었다는 무의식적 판단들이 포함된다.

우리의 분노는 내가 원하는 대로 되지 않아서 생기는 것이다. 어린아이, 청소년, 성인할 것 없이 현실이 자신들이 원하는 대로 되지 않아서 화가 나고 분노가 폭발하는 것이다.

나에 대한 견해 및 가치관에 위배되었거나, 나의 사랑의 상처, 자신의 무가치함으로 인한 주눅들이 분노로 표현되는 것이다. 또한 상대를 있는 그대로 보지 않고 자기의 감정에 빠져 상대를 자기 방식대로 이해하고 판단하면서 자기 내면의 화를 누군가에 투사하는 것이다.

분노에 대한 오해가 있는 것 같다. 타인이 잘못해서 타인에게 고통을 주고 상처를 주기 위해서 분노가 일어나는 것 같지만 사실은 자신의 마음에 감당할 수 없는 고통의 마음이 폭발한다는 것을 알아야 한다.

　우리의 인간관계에서 일어나는 많은 문제들을 보면, 주고받는 관계에서 손해를 보았다는 생각에 관계가 깨어지는 경우가 많다. 인간관계 속에서 우린 부지불식간에 계산이 뒤따른다. 내가 많이 줬는데 적게 받은 것에 대한 억울함, 공정하지 못한 것, 어쩔 수 없이 포기해야만 하는 것들 등이 분노로 연결되곤 한다.

　그러므로 우린 계산에서 자유로워지는 연습이 필요하다. 상대에게서는 손해를 본 것 같지만 다른 곳에서 이익을 볼 수 있다는 생각을 갖는 게 분노를 줄이는 좋은 방법이 될 것이다.

　또한 **고통과 괴로움도 분노의 형태**라고 볼 수 있다. 우리가 뭔가를 갈망하고 미워하고 혐오할 때도 고통이 따른다. 사랑의 감정이 활활 타오를 때라든지, 미움의 분노가 치솟아 있을 때 이를 중단하려고 하는 것은 활활 타오르는 불에 기름을 붓는 격이 될 것이다.

　우리는 자신의 내면에 집중할 필요가 있다. 무엇인가를 갈망하고 있는 감정들이 내 삶을 안락하고 행복하게 만드는 데 보탬이 되는 것인지 방해가 되는지를 알아차리는 **자각**이 있어야 방해의 요소를 멈추게 할 수 있을 것이다.

분노는 나의 주변관계를 악화시킨다

　우리는 분노를 다루지 못해서 나의 소중한 주변 사람에게 정신적, 육체적으로 피해를 주기도 한다. 주변 사람 중에는 줘도 줘도 아깝지 않은 소중한 사람들이 있다. 그리고 그 소중한 사람들에게는 더 많이 주지 못해 마음이 아프고 아쉬워한다. 그런데 분노의 감정이 생기면 그 소중함을 망각한 채 분노에 휘둘려서 소중한 사람들에게 정신적·육체적 고통을 던져 결국 소중한 관계를 깨뜨리는 경우를 종종 볼 수 있다. 그리고 분노를 발산하고 나서 그 자리를 보면 '제 정신이 아니었던' 스스로에게 자기혐오와 후회의 이중적 괴로움이 생긴다.

　'욱'하는 감정에 휘둘려서 잠시 정신이 나갔던 상태로 인하여 한때는 가장 사랑했던 사람에게 상처를 주고 다시는 돌이킬 수 없는 관계를 만들거나 아예 헤어져야 하는 상황을 만들게 된다. 그렇지 않다면 어쩔 수 없이 주변에 있지만 이미 신뢰를 잃고 두려움의 대상이 되기도 한다. '있을 때 잘 해'라는 말이 있듯이 택시가 떠나면 버스가 오지만, 사람이 떠나면 그런 사람이 다지 오지 않는다는 말이 있다. 지금 이 자리에서 잘 해야 한다고 생각한다.

분노는 우리의 주변관계를 악화시킨다. 정확하게 말하면 분노로 인해 내가 나를 죽이고 있는 것이다. 옛말에 일로일로 일소일소 怒一老一笑一少 한 번 화내면 한 번 늙고, 한 번 웃으면 한 번 젊어진다고 하였다. 한 번 화내면 세포는 죽어가고, 한 번 웃으면 세포도 춤을 춰서 더 건강해진다고 한다.

분노는 나를 망가지게 한다

분노의 끝은 망가짐과 비극이다. 마음에 화가 많아지면 인간의 성장은 점점 멀어져 간다. 누구나 불쾌하고 못마땅한 일이 생기면 감정이 격해져서 화를 내게 되어 있다. "나는 앞으로 절대 화내지 않을게"라고 주변 사람에게 다짐을 하고 희망을 주지만 조그마한 불편한 상황이 생기면 또 다시 화를 내게 된다. 이러한 내 자신에 낙담하고 그렇게 화를 내고 후회하는 반복적인 삶에 스스로 실망하고 못마땅하게 여겨 더욱 괴로움이 커진다. 그리고 이런 감정의 태도는 늘 반복된다.

사실 이러한 반복된 모습들은 지극히 정상적이다. 그러나 이 반복된 분노를 내버려두면 내 자신이 망가져 가는 걸 나도 모르는 채 살아간다. 그러다 보면 점점 무기력해지고 희망은 희미해져 간다. 그렇게 생명력을 잃어가다 보면 중독에 빠질 가능성이 높아진다.

분노는 나에게 이롭지 않은 대상에게 향하는 거칠고 악한 감정이다. 우린 분노에 압도되어 지금까지 내가 노력해서 쌓아 놓았던 것들을 파괴하게 된다. 분노관리가 되지 않으면 오랜 시간 우정을 나눴던 친구와 한 순간의 분노로 인해 헤어지기도 하고, 사랑하는 사람과 이별을 하기도 한다. 또 스펙을 쌓기 위해 많은 시간과 돈을 투자하여 얻었던 직장을 잃어버리기도 한다.

내 주위의 젊은 지인 이야기이다. 그는 우리나라에서 최고 학교라고 하는 곳에서 학부를 다녔고 석사·박사 학위를 취득하였다. 이 젊은 지인의 본 마음은 선하고 정의롭고 여린 마음이 많다. 그러나 일부분의 태도에서 균형적이지 않은 분노가 그의 삶에 엄청난 영향을 미치고 있어서 안타깝게 여기고 있다. 그는 직장 상사와의 갈등과 다툼으로 인해 직장을 10번 정도 옮겨 다녔다고 한다. 그가 밝힌 이유는 이렇다. 불합리한 회사의 규정과 규칙으로 부하직원들이 손해를 보는 것 같아 자신이 나서서(의협심에) 상사와 다투었지만 결국 그 불합리한 사안은 시정되지 않았다. 결국 직장을 2년 이상 다니지 못하고 그만두는데 이 젊은 지인이 회사를 그만두는 이유가 거의 비슷하고 항상 비슷한 패턴이었다.

이것은 바로 회사에 자신을 투사하는 내면의 심리적 구조로 인한 요인이다. 이 젊은 지인은 가끔 아버지에 대한 얘기를 하는데, 아버지는 평소 굉장히 건강하였는데 어느 날 잠시 아픈 적이 있었다. 아버지의 아픈 모습을 보고, "아프니까 쌤통이다. 아버지 아픈 모습을 보니 시원하다"고 생각했단다. 이러한 내용에서 추론해 볼 때 그는 아마도 어린 시절에 윗사람 즉, 아버지와의 부정적 경험이 심리적으로 자리 잡고 있을 가능성이 크다.

이 젊은 지인을 바라보면서 참으로 안타까웠다. 말 그대로 의협심도

강하고 헌신적이고 또한 인정도 많고 학식도 높았지만 윗사람을 향한 분노조절이 되지 않아 인생의 즐거움을 별로 느끼지 못하면서 살고 있다. 언젠가 한번 내가 그에게 "삶에서 즐거울 때가 언제인가"라고 물었는데 그의 대답은 "술 마시고, 담배피울 때"였다. 그래서 나는 "멋진 경치라든지 꽃을 보면 어떤 마음이 드느냐"고 다시 물어보았다. 그는 멋진 경치에서 감동을 받은 일이 없다고 했다. 그리고 특별히 좋아하는 취미도, 친한 친구도 없었고 자신을 사랑하는 모습도 찾아보기 어려웠다.

이 젊은 지인은 자신의 무의식 속에 윗사람에 대한 부정적 심리적 구조의 요인을 가지고 있었다. 이러한 아버지에 대한 부정적 기억과 경험들이 직장이나 대인관계에서 아버지와 유사한 상사에게 무의식적으로 작용하여 분노로 변형되었고 아버지에 대한 부정적 이미지는 그 젊은 지인의 삶에 부정적 영향을 미치고 있는 것이다.

이 감정은 아버지에 대한 분노의 경험이 축적되어 만들어진 감성으로, 유사한 상황이나 이미지 속에서 여러 타인에게 같은 반응을 나타내는 경우다. 타인은 아버지가 아니다. 그럼에도 불구하고 자신도 모르게 내면의 감정을 타인에게 투사하여 아버지를 향했던 분노가 타인에게 공통적 감정으로 느껴져 분노가 분출되는 것이다.

분노는 억제하고 참는 것이 아니다. 분노는 이해와 관리로 극복하는 것이다. 분노를 관리한다는 것은 행복해지는 과정이고 자신이 성장할 수 있는 계기가 되는 것이다.

분노는 자연스러운 감정이다

분노는 자연스러운 공격적 감정이며 우리의 원초적 본능공격성의 핵심 감정이다. 그래서 인간의 발달단계에서 공격성은 필연적으로 경험하게 되는 과정이다.

대부분의 분노는 부모의 돌봄 결핍으로 인하여 자신을 제대로 형성하지 못한 데서 비롯된 것이다. 양육자(어머니)와 맺는 특별한 관계는 인격발달의 본질적인 요소이며 이러한 모성적 돌봄을 통해 우리는 하나의 인격으로 자유롭게 성장하고 기능하게 되는 것이다. 이러한 보살핌이 결여될 때 우리 자신은 이 세계가 진정한 삶을 자발적으로 살기에 너무나 힘들고 버겁고 위험하다고 느끼게 되는 것이다.

심리학자인 위니컷은 어머니의 모성적 기능을 "유아가 관심을 가질 수 있는 능력을 발달시키는 데 필수적이다"라고 말한다. 유아가 관심을 가지는 능력을 발달시키기 위해서는 어머니는 유아의 흥분 상태에서 유아가 가하는 공격을 견뎌내고 안아 주는 환경을 유지해야 한다고 한다.

이 시기 유아의 공격적 행동은 모유를 먹으면서 엄마 젖가슴 만지기 및 엄마의 젖 깨물기 등으로 나타난다. 이 시기 유아의 공격적 행동에 엄마가 인내심을 갖고 아이의 행동을 잘 받아 주게 되면 아이는 엄마를 신뢰할 수 있게 된다. 엄마가 참을성 있게 아이의 공격에서 잘 견뎌 주고받아 주는 것은 유아의 바람과 요구가 잘 이뤄지는 것으로 현실 세계에서 자녀가 힘들고 고통스러운 상황에서도 넘어지지 않고 버텨 내는 힘과 회복력을 가지게 하는 원동력이 된다. 엄마가 유아의 공격적 행동을 충분히 받아 줌으로써 유아 자신은 공격적 충동에 대한 죄책감을 견딜 수 있게 되며 그 결과로 타인에게 관심을 갖는 능력을 얻게 되는 것이다.

대부분의 우리 어머니들은 첫 자녀를 출산하고 양육할 때 유아의 자발적인 욕구와 몸짓을 제대로 이해하지 못한다. 그렇게 아이가 원하는 것을 제때에 제공하지 못할 때 아이는 자신의 자발적인 욕구와 몸짓을 잃게 되며 그 결과, 아이의 인격은 위축된다. 즉, 부모가 자녀의 마음을 제대로 받아주지 않게 되면 아이는 자신의 진정한 욕구를 표현하지 못한 채 마음속 깊은 곳으로 숨어버리게 되고 세상이 자신이 원하는 것에서 점점 멀어져가는 것이 자신도 모르는 분노로 남게 된다. 이러한 분노가 점점 누적되어 사사로운 것에도 분노의 감정을 분출하곤 하는 것이다.

다시 정리하면, 어머니는 자녀의 유아기 시절에는 무조건적 사랑을 주어서 아이가 마음 놓고 자유롭게 어머니를 사용하고 공격*할 수 있게 해야 한다. 여기서 중요한 것은 공격받는 어머니가 잘 견뎌 주는

---

* 이 시기의 공격은 엄마의 젖 깨물기, 조그마한 떼쓰기 등

것이다. 어머니가 아이의 공격을 혼내지 않을 때 어린 자녀는 어머니를 편안하게 사용할 수 있다. 그 경험을 통해 자신의 공격에도 붕괴되지 않고 자신의 주변의 대상에게 신뢰할 수 있는 관계가 되는 것이다. 이러한 과정을 거쳐서 자녀는 자신의 존재를 귀히 여기고 감정을 통제하는 것을 배우게 된다. 엄마의 따뜻한 보살핌 속에서 우리는 독립적으로 발달할 수 있고 자신의 인격과 감정을 성숙시킬 수 있다는 것이다.

위니컷은 이렇게 말하였다.

"개인은 창조적으로 살면서 삶의 가치를 느낄 수 있고, 반대로 창조적으로 살지 못하면서 삶의 가치를 의심할 수 있다. 이러한 차이는 그가 아기였던 시절에 어떤 환경을 경험했느냐에 따라 결정된다."

따뜻하고 충분한 돌봄의 환경을 적절하게 제공받는 것은 정서적 성장에 필수적 요건이다. 적절한 심리적 환경을 제공받지 못하면 심리적 성장은 멈추게 되고 좌절된 발달 욕구로 인해 주변의 인간관계를 맺는데 많은 어려움을 겪게 되는 것이다. 아이들이 담요나 곰 인형에 집착하는 것도 사랑이 부족하다는 표현의 한 종류이다.

그러나 이러한 최상의 환경에서도 인격은 깨어지기 쉽다고 하였다. 인간의 주관적 경험과 객관적인 현실 사이에는 항상 긴장감이 감돌기 마련이기 때문이다.

독자들은 알아야 한다. 분노의 근원은 내가 제공되었던 것이 아니라는 것이다. 이제부터라도 내가 나를 지지해 주고 내가 나 자신을 따뜻하게 보살피면서 돌보면, 내 안의 분노가 사랑과 인정으로 바뀌어

갈 것이다. 분노의 구조를 그림으로 제시해 보면;

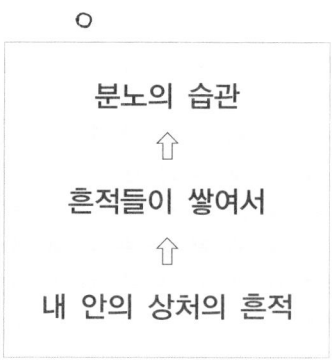

분노의 습관적 구조

분노는 적절히 관리할 수 있는 능력만 있으면 되는 것이다. 화도 자주 내면 습관이 된다. 이제는 분노의 근원을 알았으니 내가 분노를 하인처럼 다룰 수 있어야 할 것이다. 분노를 다룰 수 있는 것은 행복해지는 과정이고 인간다움으로 살아가는 과정이다. 행복해지기 위해서는 반드시 노력이 뒤따라야 한다. 이 노력은 조금도 손해 볼 게 없으므로 마음의 여유를 갖고 마음 관리를 하게 되면 자신의 멋진 성숙에 또 다른 행복과 성장이 뒤따를 것이다. 노력을 하지 않겠다는 것은 암묵적으로 나는 불행하게 살겠다는 것과 마찬가지이다. 이 노력과 선택은 자신에게 달려 있다. 자신과 주변을 위해서는 우리 한 번 시도해 볼 가치가 분명히 있다.

내 삶의 주인은 나, 분노는 나의 하인

인생을 행복하게 살아가기 위해서는 감정관리, 특히 분노를 잘 관리하는 것이 중요하다. 분노관리를 어떻게 하느냐에 따라 우리 인생의 운명이 바뀌기도 한다. 우리는 우리가 바라는 대로 인생을 살아가고자 한다. 그렇다면 분노관리가 우선시 되어야 할 것이다. 나의 감정관리가 제대로 되지 않으면 분노가 나의 주인이 되고 나는 분노에 이끌려 살아가는 신세로 전락하고 말 것이며 내 삶은 분노로 인해서 실패하고 말 것이다. 그러므로 분노가 나의 하인이고 내가 주인이 되어야 한다. 그리고 하인에게 끌려가는 주인이 될 것인지 아니면 내가 주인으로서 하인을 마음대로 부릴 것인지는 자신의 선택에 달려 있다.

그러나 '화를 내지 말자'고 아무리 다짐해도 허공의 메아리가 되어 다시 화를 내는 패턴을 반복하고 만다. 분노로 인한 행위는 나를 불행하게 할 뿐만 아니라 자신의 성장에 장애가 된다. 분노를 관리하는 것은 내 일생을 사는 동안 중요한 삶의 목표로 삼아야 할 만큼 중요한 과정이다.

그러면 목표(목적지)를 향해 가려면 방법도 생각해야 할 것이다.

우리가 어딘가의 목적지로 가기 위해서는 차가 필요하고 운전을 하려면 운전면허증이 있어야 할 것이다. 그런데 내 감정을 운전하기 위한 '감정면허증'을 우리는 소지하지 않고 있다. 이제부터라도 감정면허증을 소지해서 지속적으로 실행하면 익숙해져 감정관리가 쉬워진다.

이제부터 분노관리 면허증을 가질 수 있는 방법을 소개할 것이다.

제2장

분노의 요인들

"여러분들은 어느 상황에서 화가 나시는지요?

원하던 상황과 실제 상황의 불일치

원하던 상황과 실제 상황이 불일치되면 부정적 정서가 온다. 그것이 곧 분노의 요인이 되는 것이다.

우리 아이들이 언제 화를 내는지 관찰을 해 보면, 아마 자신들이 원하는 대로 되지 않을 때 짜증을 내거나 고집을 피우거나 말을 하지 않거나 분노를 폭발시키는 등의 부정적 정서를 표출하는 것을 알 수 있다.

원하던 상황이 깨지면 대체적으로 분노가 일어난다. 인간의 핵심 정서에는 기쁨, 두려움, 슬픔, 분노 등이 있는데, 기대에 합치하면 기쁨이 되지만, 기대에 합치되지 않으면 두려움 및 무서움, 때론 슬픔과 분노의 부정적 정서가 압도하게 된다. 그렇다면 여기서 **원하던 상황이 합리적인지**를 검토해야 할 것이다. 기대의 수준이 적합한지 아니면 기대의 수준이 부적합한지를 검토해야 할 것이다. 기대치가 합리적 기준에 적합하지 않을 때 우리 자신 및 타인과 합의를 이루지 못하고 자주 갈등을 겪게 되고, 기대가 깨져서 분노를 마주하게 될 경우가 발생하게 된다.

합리적 정서행동 치료 창시자인 Albert Ellis는 심리적 부적응을 나타내는 사람들이 흔히 지니고 있는 비합리적 신념들을 제시하였다. 비합리적 신념은 자신, 타인, 세상에 대한 당위적 기대로 이루어져 있다.

사람들이 감정적 문제를 겪는 이유는 일상생활에서 겪는 구체적인 상황들 때문이 아니라 그 상황을 합리적이지 않은 방식으로 인식하기 때문이다. 어떤 상황을 자신이 가지고 있는 비합리적인 인지 방식으로 해석하기 때문에 여러 감정적 문제를 경험하게 되는 것이다. 예를 들어, 연인과 약속을 했는데 연인이 약속 시간을 어겨 기분이 몹시 상한 경우 사람들은 대체적으로 연인이 약속을 어겨서 기분이 상했다고 생각할 것이다. 그러나 연인이 약속을 어긴 상황을 어떻게 받아 들이냐에 따라서 화가 날 수도 있고 화가 나지 않을 수도 있다. 연인이 약속을 어긴 일로 화가 나는 사람은 연인이 약속 시간을 어긴 사실보다는 그 상황을 어떻게 받아들이느냐에 따라 분노가 난다는 것이다.

비합리적 신념을 가진 사람에게 "약속 시간을 어기는 것은 절대 있을 수 없어!"라는 비합리적 신념이 형성되어 있으면 매사에 불쾌한 감정을 만들어 내고 사람들과의 갈등 유발이 빈번하여 분노의 요인으로 작용하게 되는 것이다.

우리는 자신도 모르는 당위적 기대의 오류 속에서 살아가고 있기 때문에 자신의 신념 체계—자신에게 현실적으로 충족되기 어려운 기대와 요구를 하고 있지는 않은지—를 점검해야 한다. 비합리적인 신념을 예를 든다면,

"나는 모든 사람으로부터 인정을 받아야만 해"
"나는 완벽할 정도로 유능하고 성공한 사람으로 인식되어야 해"
"내가 원하는 대로 일이 되지 않는 것은 내 인생에서 실패를 의미하는 거야"

자신이 원하는 상황이 전개되지 않을 때 자기비난과 자기혐오에 빠져서 우울해하거나 때론 분노를 표출하는 이들이 있다. 그리고 비합리적 신념을 갖고 있는 사람들이 타인에게 갖는 당위적 기대를 보면, 타인에게 자신이 원하는 기대에 따르도록 일방적으로 요구하기도 한다. 예를 들면,

"내 주변에 있는 모든 사람들은 언제든 내 뜻을 다 받아줘야 해"
"모두 내 편이 되어야 해"

이러한 비합리적인 기대 후 자신의 기대대로 되지 않으면 화가 나서 감정의 갈등을 또 겪게 되는 것이다.

우리가 분노를 관리하기 위해서는 분노와 관련된 당위적 기대가 어떤 것인지 점검하고 이 당위적 기대가 합리적인지를 알아볼 필요가 있다. 하지만 인간의 삶 속에서 "반드시 ~해야 한다"라는 당위적 기대는 일반적으로 무리한 기대인 경우가 많다. 예컨대 "약속을 했으면 반드시

제시간에 와야 한다'라는 당위적 기대인 경우, 이는 때로는 현실적으로 어려울 때가 있다. 이것을 자신에게 적용해 보면 "나는 언제나 시간을 지켰는가?"하는 것이다. 이런 입장에서 보면 이 당위적 기대가 무리가 있다는 것이다.

이 당위적 기대를 분노관리에 적용해 보면, '소망적 기대'로 바꾸는 것이 효과적이다. **소망적 기대**란 '가능하면 ~하면 좋겠다'의 형태로 전환하는 것을 말한다. 여기에서 좀 더 발전하면 **'인간적 기대'**로 바꿀 수 있다. 인간적 기대는 "그들도 사람인데 그럴 수도 있지"라고 기대를 바꾸는 것이다.

비합리적 신념은 어린 시절 동안 부모 및 중요한 타인으로부터 학습된 것이다. 어린 시절 부모 및 주변 환경에서 논리적으로 맞지 않은 요구가 반복되면서 오류와 왜곡된 가치관이 자신도 모르는 사이에 자기 패배적 신념으로 확고하게 자리매김하게 된 것이다.

인간은 누구나 어느 정도의 비합리적 신념을 지니고 있다. 이런 인지적 오류의 사고 패턴은 흑백논리, 넘겨짚기, 평가절하 및 과장, 과잉일반화 등으로 나타난다. 이러한 비합리적 신념은 소극적이고 비관적인 행동, 우울과 자기연민 등을 초래하게 되며, 세상에 대한 막연한 두려움과 분노로 우리의 삶을 불행과 고통으로 몰아간다. 이러한 정서적 근원이 특히 분노의 행동으로 나타난다.

합리적 기대를 하게 되면 평안함을 유지할 수 있을 것이다. 합리적 신념을 가지려면 자신의 신념 체계를 재구성해야 한다. 합리적 정서를 함양하기 위해서는 자신의 생각, 느낌, 행동이 다른 사람들에게 미치는 영향을 먼저 점검을 해야 한다. 반복해 오던 자신의 행동 특성을 중단시키기 위한 대안을 설계해야 할 것이다. 비합리성과 편파적 인지를 합리적 정서 상상을 적극적으로 반복 실행하고 현실 지향적으로 해석할 수 있는 능력을 향상시켜야 한다. 왜냐하면 비합리적인 당위적 기대가 일으키는 불필요한 분노는 건강하고 행복하며 성공적인 삶을 방해하기 때문이다.

상황을 나의 관점에서 판단

사람들은 대체적으로 현상적 상황을 나의 렌즈로 바라보고 판단한다. 세상을 과거 경험에 의해 투사하고 그러한 왜곡되고 오염된 정보로 인하여 판단된 오해·오류 등이 발생하는 경우가 종종 있다.

사람마다 상황에 대한 관점이 다를 뿐만 아니라 사고방식도 각각 다르다. 어떤 사람은 상황을 너무 극단적인 방향으로 받아들여 격렬한 감정 반응을 나타내고, 어떤 사람은 사소한 정보를 너무 심각하게 받아들여 복잡하게 해석하기 때문에 매우 피곤한 삶을 살아간다. 이처럼 개인의 관점에 따라 특정한 상황의 의미를 독특한 관점에 의해서 해석하고 판단한다.

백(Beck)은 정서장애를 경험하는 사람들이 사건의 의미를 부정적으로 왜곡하는 경향이 있다고 주장한다. 이처럼 상황의 의미를 특정한 방향으로 왜곡하는 추론 과정에는 다양한 인지적 오류가 개입한다. 과잉일반화, 의미 확대 및 축소, 개인화 등이다.

과잉일반화라는 것은, 한두 번의 사건 경험에 근거하여 일반적인 결론을 내리고 무관한 상황에서도 그 결론을 적용시키는 오류를 나타

낸다. 예를 들면, 이성으로부터 몇 번 배신당한 경험한 후부터는 "나는 모든 이성으로부터 배신당할 거야"라는 생각으로 과잉일반화 하는 것이다.

의미 확대 및 의미 축소는 부정의 의미를 확대하고 긍정의 의미를 축소하는 경향이다. 즉 자신의 약점이나 단점은 크게 느끼고 자신의 강점이나 장점은 별것 아닌 것으로 과소평가하는 경우이다.

개인화는 독자 여러분도 경험한 적이 있을 것이다. 여러 대중과 함께 강의를 들으면서 "저 내용은 나에게 하는 얘기야"라고 자기 자신과 무관한 내용을 자신과 관련된 내용으로 잘못 해석하는 경우이다. 근거 없이 다른 사람의 마음을 자기 마음대로 판단하고 단정하거나 막연히 느껴지는 감정에 근거하여 확신하는 감정적 판단이다.

상황을 있는 그대로 순수하게 지각하고 인지하면 타인과의 관계에서 오해 등으로 인한 부정적이고 파괴적인 반응들을 줄일 수 있을 것이다. 매스컴을 통해서 보았듯이, 지나가던 사람이 무심결에 쳐다본 것을, 자신의 관점으로 판단하여 "나를 무시해"라고 판단하여 폭력을 휘두른다든지, 어떤 경우에는 내가 별로 좋아하지 않은 사람이 나를 보고 반가워서 방긋 웃었는데, "나를 무시했다"고 생각하는 것들이 자신의 마음과 같은 생각을 상대도 갖고 있다는 망상에서 비롯된 것이다.

상대의 관점에서 바라보고 상대의 입장에서 생각하고, 상대의 입장을 이해하기 시작하면 마음의 분노의 요건이 완화되어 이런 오류에 오염되지 않을 것이다. 같은 사물이라도 위치에 따라 다르게 보이는 것과 마찬가지다.

우리들은 대체적으로 자신의 경험이 전부인 것으로 착각한다. 푸른 바다를 바라보면서 어떤 사람은 바다로 고기잡이를 나가서 실종된 남편이 떠오를 수 있고, 어떤 이는 여름 해수욕장에 가서 익사한 아들을 떠올릴 수 있고 어떤 이는 사랑하는 연인과 멋진 데이트를 했던 경험을 떠올릴 수 있을 것이다. 모두의 경험은 다른 경험 속에서 다르게 생각하고 살아간다. 상대의 다양한 관점을 보면 감정을 조절하는 데 도움이 될 것이다.

수용범위에 따라서!

긍정심리학자들의 연구결과에 의하면, 행복과 밀접한 관련성을 지닌 심리적 요인은 낙관주의이다. 낙관주의자들은 미래에 대해서 긍정적인 결과를 예상하면서 적극적으로 활기찬 활동을 하게 되는 것이다. 이런 결과로 긍정적인 결과를 만들어 낸다. 낙관주의자가 지녔던 긍정적인 사고는 현실화될 가능성이 높다. 낙관주의는 행복을 증진할 뿐만 아니라 성공적인 결과도 가져온다는 것이다.

낙관주의자들은 부정적인 면보다 긍정적인 생각으로 세상을 바라보는 경향이 높다. 낙관주의자들은 인생과 세상의 부정적인 측면을 무시하거나 외면하기보다 과거의 고통스러웠던 부분들조차 긍정적인 것으로 수용하며, 힘들었고 실패했던 부분들을 경험과 교훈으로 삼아 삶의 자원으로 활용한다. 또한 낙관성은 일상적인 삶에 대해 긍정적인 자세를 유지할 뿐만 아니라 인간 존재에 대해서도 긍정적 태도를 지니고 있다.

실제 상황은 같을지라도 분노의 요건은 모두가 다르다. 저자가 분노에 대한 강의를 할 때면 남편과 부부싸움 도중 사용했던 **까마귀 성격 이야기**를 가끔 소개한다. 예를 들면, 내 집 거실을 내 취향에 맞춘 인테리어로 멋지게 꾸몄지만 어느 한 구석에는 반드시 휴지통을 배치해야만 한다. 그런데 까마귀가 휴지통에 있는 지저분하고 썩은 음식을 좋아하는 것처럼 내 거실의 아름답고 멋지게 장식된 부분을 바라보면서 행복을 느끼면 좋으련만, 하필 휴지통만 바라보면서 불쾌해하고 "왜 이리 지저분해" 하면서 분노의 요인만 보는 것과 마찬가지이다. 그러니 화가 날 수밖에 없다.

또 다른 예를 들면, 바가지 긁는 아내가 있다고 상상해 보자! 남편의 수용범위에 따라 분노의 범위는 달라진다. 어떤 남편은 바가지 긁는 아내가 자신을 사랑하고 관심이 있어서 바가지를 긁는다고 생각할 수 있고, 어떤 남편은 아내의 바가지 긁는 소리를 무심하게 지나칠 수 있을 것이고, 어떤 남편은 아내의 바가지에 분노가 폭발해서 밥상을 뒤집거나 폭력을 행사할 수도 있다. 이 광경에서 아내의 바가지 긁는 실제 상황에 각각이 다 다르게 반응하는 것처럼, 바가지를 긁는 게 문제가 아니라 남편의 실제 상황을 수용하는 범위에 따라 합치인지 불합치인지가 달려 있음을 우리는 알 수 있다.

그러므로 우리는 타인을 이해하는 수용범위를 넓히는 데 주력을 해야 할 것이다. 사람마다 그릇의 크기가 다르듯 자신의 그릇의 크기를 인식하고 많은 것을 담을 수 있는 크고 단단한 마음의 그릇을 넓히게 되면 어떤 것을 담아도 불편하거나 깨지지 않을 것이다.

분노촉발인자 자극

촉발인자 이면에는 긴 역사가 있다. 감정이 촉발될 때는 과거의 무엇인가와 연결되어 있다. 촉발인자는 대체로 자신의 **무능력**이나 **부족**하다고 느끼는 부분, 혹은 자신의 상처였던 **아픈 곳**들이 근원이 된다.

촉발인자를 인식하고 이해해야만 분노가 커지는 것을 방지할 수 있다. 조그마한 분노라도 감지하는 방법 중 하나는 마음과 행동에 명랑함과 밝음이 줄어들고, 또한 뭔지 모를 우울함 등으로 의욕이 저하될 때 분노가 서서히 시작됨을 인식해야 한다. 그런데 우리는 자신의 분노를 인식하지 못할 때가 많다.

분노의 촉발인자를 이해하기 위해 분노의 반대 상태를 생각해 보자! 우리는 어떤 상황에서 기분이 좋은가? 선물 받았을 때, 사랑하는 사람과 함께 있을 때, 원하는 상황들이 전개되었을 때 등과 같이 여러 일들을 떠올릴 수 있을 것이다. 이런 상황은 어떤 상황일까? 원하는 상황, 좋은 느낌 등과 같은 조건에 의해 우리의 기분은 좋아지게 된다.

우리는 어쩔 수 없이 지속적으로 어떠한 환경 속에서 생활해야 한다. 그렇기 때문에 스스로 환경을 창조하고 관리할 수 있는 기술을 향상시켜야 한다.

---

note : **경험 떠올리기**

○ 1. 어떤 상황 때 기분이 좋았는가?
　 2. 어느 시기에?
　 3. 대상은 누구였나?
　 4. 대상의 반응은?
　 5. 나의 감정은?

○ 1. 어떤 상황 때 분노가 폭발했는가?
　 2. 어느 시기에?
　 3. 대상은 누구였나?
　 4. 대상의 반응은?
　 5. 나의 감정은?

제3장

분노의 유형 6가지

분노는 인간의 아주 정상적인 정서이며 피할 수 없는 감정
분노를 통제할 수 없게 되면 파괴적인 문제를 야기하게 된다.
그러므로 분노에 대처하는 능력이 매우 중요하다.

분노는 아주 정상적이고 인간의 정서이며 피할 수 없는 감정이다. 하지만 분노를 통제할 수 없게 되면 파괴적인 문제를 야기하게 된다. 그러므로 분노에 대처하는 능력이 매우 중요하다.

그러나 분노를 두려워할 필요는 없다. 분노의 근원을 자각하고 분노에 대처할 수 있는 능력을 키우면 된다. 평소 분노에 대처할 수 있는 능력을 키워 두어야만 예기치 않게 분노의 상황이 닥치더라도 현 상황을 인식하고 분노를 통제할 수 있을 것이다. 그 능력은 자신과 타인과의 소통하는 능력, 타인을 이해하고 공감하는 능력 등 '소통 능력'이다.

Potter-Efron(2007)이 세분화한 분노의 유형을 살펴보면서 왜 이러한 분노가 발생했는지, 어떻게 분노를 치유할 것인지를 생각하면서 자신의 분노 상황에 대입시켜 적용해 보기를 바란다.

돌발성 분노

분노는 인간다움을 위해서 필요하다. 하지만 심한 분노나 잦은 분노는 자신과 주변을 병들게 할 뿐이다. 따라서 분노를 유발하는 원인들을 우리 생활환경 속에서 제거하는 것이 무엇보다 중요하다.

돌발성 분노란 갑자기, 예기치 않게 성격이 돌변할 정도로 화가 치밀어 감정이나 생각, 행동을 전혀 하지 못하거나 일부밖에 통제하지 못하는 상황이다. 돌발성 분노는 무의식중에 일어난다. 다른 사람들에게는 대수롭지 않은 사건인데도 불구하고 자신만 욱해서 이성을 잃고 악을 쓰며 상대방을 위협하고 억압하며 공격한다. 마치 폭주 기관차처럼 엄청난 속도로 보통 수준의 화를 넘어 폭발한다.

"내가 순간적으로 정신이 나갔지"라는 말은 작은 분노를 겪었다는 표시이다. 비록 짧은 순간이었지만 평소 자주 나타내지 않는 모습으로 분노를 표출한 후 후회하는 하는 것은 불완전한 자신을 나타내는 것이다.

중요한 것은 얼마나 크고 작은 분노를 터뜨리느냐가 아니라 그 본질에 있다. 아주 잠깐이라도 화를 내는 동안 자신이 다른 사람이 된 것 같은 느낌을 받으므로 자신의 자의식에 손상이 간다.

★ **돌발성 분노를 치유하는 7가지 방법**

돌발성 분노가 완전히 없어지지는 않겠지만, 욱하는 분노를 원하는 대로 통제할 수 있으며 돌발성 분노를 억제하고 늦출 수 있다.

첫째 : **분노하는 성질을 고칠 수 있다는 희망**을 갖는다.

사람들은 대게 성질은 타고난 것이라 어쩔 수 없다고 생각한다. 그러나 화는 내면 낼수록 습관으로 연결된다. 분노는 줄일수록 줄어든다. 그러므로 분노하는 성질은 고쳐야 한다.

욱하는 성질은 모두 내 생각이고 내 느낌이고 내 행동이고 또한 다 내 것이므로 내가 해결하면 된다. 내 주변에서 벌어지는 상황은 내가 바꾸면 된다. 항상 완벽하게 원하는 대로 되지는 않겠지만, 내가 노력하는 것을 포기하지 않는 한 돌발적 분노를 잘 통제하고 조절하면 지금보다 훨씬 더 나아지는 삶을 만들 수 있고 분노를 멈추게 할 수 있다.

둘째 : **욱하는 성질을 죽기기 위해 노력하겠다는 다짐**하기

내 자신은 소중하므로 다음 사항들을 지키기 위해 열심히 노력할 준비가 되었다고 스스로와 약속을 한다.

- **자기합리화 하지 않기** : 예를 들면 "나의 욱하는 성질은 내 잘못이

아니야. 부모를 잘못 만나서, 부모에게 학대당해서 내가 이렇게 되었다고요." 대신에 "물론 부모가 나를 학대했지만 부모님도 어떤 면에서 생각해 보면 불쌍해요. 이제 그런 과거의 삶보다 내 인생을 내가 책임질 거예요. 더 이상 과거 탓을 하지 않겠어요."
- **미루기 그만** : 예를 들면, "욱하는 성격이 금방 없어지나요. 조금 더 마음이 편해지면 실행하려구요." 대신에 "계속 이렇게 살 수 없어! 지금부터 당장 실행할 거예요."
- **부정하는 습관 버리기** : 예를 들면, "나는 성격이 좋은데 상대편의 성격에 문제가 있는 거야." 대신에 "그래, 난 욱하는 성격이 문제였어! 인정해~. 그러나 이제부터 욱하는 성질에 끌려 다니지 않기 위해 노력할 거야."
- **축소시키지 않기** : 예를 들면 "화나면 뭘 못해! 별 것 아니지 뭐"라고 말하는 대신 "나의 욱하는 성격 때문에 내 인생과 내 소중한 가족들을 망가트리고 있어."

셋째 : 자신의 돌발성 **분노방식 탐색하기**

분노가 언제 어떻게 폭발하는지 그 상황을 면밀히 기록해 보자. 분노 폭발 시 탐색이 되지 않았다 하더라도 분노 폭발 이후에 당시의 상황을 최대한 탐색해 본다.

아래 문항들을 노트에 적어보든지 다이어리에 쓰면서 자신의 분노를 탐색해 본다.

> note : **분노방식 탐색하기**
>
> - 언제 일어났던 사건인가?
>
> - 사건과 관련 있는 사람은 누구인가?
>
> - 분노를 촉발한 것은 무엇인가?(누구의 말 때문인가? 혹은 누구의 행동 때문인가?)
>
> - 분노가 폭발했을 때 어떤 생각을 했는가? 어떤 느낌이었는지? 어떤 행동을 했는지?
>
> - 분노는 어떻게 멈췄는지?
>
> - 분노하는 동안 분노를 멈추게 하기 위해서 얼마나 노력했는지? 분노를 멈추게 하기 위해 어떤 노력을 했는지? 효과는 있었는지?
>
> - 분노를 터뜨린 다음 자신에게 무슨 일이 생겼는지?
>
> - 돌발성 분노를 조절하기 위해 어떤 것을 하는지?

넷째 : 과거 있었던 비분노를 살펴보고 자신이 종종 어떻게 하여 **돌발성 분노를 예방했는지 살펴본다.**

대부분의 사람은 이성을 잃고 화를 내거나 분노가 폭발되기 직전 겨우 화를 가라앉혔던 경험이 있을 것이다. 그러지 않았다면 사회적

처벌을 받았거나, 소중한 사람들과 이별을 했거나 왕따가 되어 외로운 삶을 살거나 등의 상상하기 힘든 상황이 벌어졌을 것이다. 돌발적인 분노는 사회가 너그럽게 수용하기에는 너무나 위험한 문제이다.

이 의미는 곧 자신이 돌발적 분노를 가졌다 해도 분노를 억누를 수 있는 방법을 갖고 있다는 의미이다. 아마 매번 분노가 폭발하지는 않았을 것이다. 분노를 막았던 기억들이 있을 것이다. 어떻게 해서 돌발성 분노를 예방할 수 있었는지 그 방법과 이유를 알아본다. 여기에 그 해답이 숨겨져 있다.

---

note

- 잠시 분노를 멈출 수 있는 것은 무엇인가?

- 어떻게 욱하는 성질을 넘겼는가?

- 무엇이 분노를 폭발하지 않도록 막아주었는가?
  ('화 낼만한 가치가 있나', '멈춰', '진정해' 등)

- 억누른 분노는 어떻게 처리하는가?
  (무시해 버림? 잊어버리고 잔다? 화가 나지만 공격적이지 않은 태도? 신경을 다른 데 씀? 등)

위 note에서처럼 자신의 방법을 자신이 제일 잘 알기 때문에 자신의 방법들을 인식하고 몸에 체화되도록 한다.

다섯째 : 돌발성 분노가 터진 상황에서 최소한의 통제력을 유지할 수 있었던 **과거의 부분적 분노 경험을 살펴본다.**

부분적 분노는 분노가 폭발했지만 행동의 일부라도 통제할 수 있는 것을 말한다. 그렇다면, "나는 일부 통제할 수 있었을 때 어떤 생각, 어떻게 행동하고 말을 했던가?" 이 질문의 답이 지금까지의 삶을 지탱할 수 있었던 중요한 열쇠가 될 것이다.

---

note

- 돌발적 분노가 폭발하지 않도록 막아주는 것이 무엇이라고 생각는가?

- 화가 치밀었을 때 신체적으로 어떤 행동을 하는가?

- 화를 참았다면 참은 분노를 어떻게 처리하는가?

- 부분적 분노를 겪는 동안 혼자 갖는 시간이 나은지? 다른 사람이 도와주기를 원하는지?
  원한다면 어떻게 도와주기를 원하는가?

여섯째 : **안전 계획을 세워 돌발성 분노가 발생할 확률을 낮춘다.**

분노가 발생할 수 있는 확률을 낮춘다. 안전 관리 계획으로 분노를 가라앉힐 수 있는 지원체계를 만들어야 한다. 혼자서 스스로 하는 것은 대단히 힘들다. 자신이 화를 잘 낸다고 생각하면 자신을 진정시키거나 자신의 말을 잘 들어주는 전문가 등 함께 할 사람이 있어야 한다.

분노관리 교육을 받아야 한다. 욱하는 성질을 내지 않으려는 마음은 간절하지만 자신의 행동패턴은 자동적으로 실행되기 때문에 분노조절 방법을 익혀서 옛 패턴이 사라지고 새로 익힌 행동패턴이 자동적 행동으로 자리 잡을 때까지 반복적인 학습이 필요하다. 새로운 행동패턴으로 전환하기 위해서는 다음과 같은 요소를 검토해야 한다. 어떤 **생각**을 바꿔야 할지? 어떤 **행동**을 바꿔야 할지, 스트레스에 반응하는 **대안** 등을 세워야 한다.

생각을 어떻게 바꿔야 할까?

생각 바꾸기 방법으로 윌리는 '반박(Disputation)' 방법을 사용한다. 이 방법은 'A-B-C-D-E' 방식으로 다음과 같다.

A = 전조, 자신을 화나게 만드는 일.
B = 상황에 대해 화가 더 많이 나도록 만드는 부정적인 믿음.
C = 분노에 따른 결과, 홧김에 저지르는 행동.
D = 반박, B를 대신하며 화를 가라앉힐 수 있는 새로운 생각.
E = 새로운 생각이 미치는 영향. 보통 마음을 비우거나 분노에서 비롯된 에너지를 다른 일에 쏟는다.

행동을 어떻게 바꿔야 할까?

욱하는 성질이 있는 사람은 먼저 문제를 일으킬 만한 상황을 **피하는 게 좋다**. 욱하는 상황은 언제 닥칠지 모른다. 때문에 미리 어떻게 행동을 해야 할지에 대한 대안을 갖고 있어야 한다.

행동을 바꾸는 방법으로 욱하는 상황에 직면했을 때 타임아웃 시간을 갖는다. 훌륭한 타임아웃 시간이라면 4R을 포함해야 한다. 4R은 자신이 위험할 정도로 화가 난 상태를 **인정**(Recognize)하고, 어리석은 말을 하기 전에 **피하는 것**(Retreat), 화가 진정될 때까지 **쉬기**(Relax), 문제를 해결해야 한다면 그 상황으로 **돌아가기**(Return)이다. 공정한 싸움은 중요한 한 방법이다. 공정한 싸움은 상대에게 위협하기, 놀리기, 괴롭히기, 욕설 등의 방법은 사용하지 않고 건설적인 표현으로 문제를 해결하겠다고 서로 약속을 하는 것이다. 일방적으로 자신의 방식을 주장하는 것이 아니라 자리에 앉아, 진정한 상태로, 상대방의 이야기를 잘 경청하고, 긍정적인 방식을 찾는 것이다. 장소는 커피숍이면 더 좋을 것이다.

스트레스에 반응하는 대안?
욱하는 상황이 오면, 먼저 상황을 이해하고, 심호흡을 몇 번 하면서 "별일 아니니까 마음을 편안하게 가지자. 이 또한 지나가리."하고 되뇐다. 물론 쉽지 않다. 그러나 급한 불은 끄면서 위기 상황은 모면할 수 있다. 분노를 예방하기 위해서는 반드시 연습이 반복되어야 한다. 그러면 분노에 초대를 받아도 이성을 잃고 분노에 휘둘려지지는 않는다.
스트레스에 반응하는 대안을 갖고 있으면 정신적·신체적 변화가 있어야 한다. 긴장을 완화하면 지혜의 생각이 가능해진다. 사고할 수 있으면 문제를 합리적으로 해결할 수 있다.

일곱째 : **가치관 및 세계관 바꾸기**

돌발적 분노를 갖고 있는 사람은 장기적인 문제에 집중하여 자신에 대한 인식이나 가치관 및 세계관을 바꿔야 한다. 가치관 및 세계관 바꾸는 목표로는, 타인들 속에서 안정감을 느끼고, 자신을 아끼고, 긍정적 사고를 갖는 것이다.

돌발적 분노를 갖고 있는 사람은 대체적으로 많은 불안감에 시달린다. 인간관계가 깨져 있고, 세상에 대한 불신으로 아무도 믿지 못하고 있다. 하지만 문제는 세상에 있는 게 아니고 자신의 내면에 있다.

돌발적 분노를 갖고 있는 사람들은 대부분 어린 시절 부모로부터의 폭력·비난·좌절·창피·버림받을 것 같은 경험이나 느낌들이 마음속 깊은 곳에서 작용하고 있다. 자신의 내면이 환경이고 세상이다. 자신의 내면세계는 스스로 능력이 부족하다고 느끼거나 자신을 아주 작게 느끼고 공허감, 세상에 홀로 있는 듯한 외로움 등의 불안정한 존재감을 갖고 있다. 이를 해결하기 위해서 자기 자신과 친한 친구가 되어야 한다. 거울을 보고 자신에게 질문을 던져 본다.

note

- 경희야! 어떤 삶을 살고 싶니?

- 경희야! 어떻게 해야 자신을 더욱 아낄 수 있지?

- 경희야! 어떻게 해야 인생을 내면과 외적으로 더욱 안정적이게 할 수 있을까?

생존성 분노

생존성 분노는 살기 위해서 내는 분노라고 볼 수 있다. 자신의 육체적 안전과 생존이 크게 위협받았거나 위험한 상황에 처했을 때 살아남기 위한 대응으로 발생하는 강력한 분노이다. 자기 마음대로 분노를 폭발시킬 수 없지만 자신을 지키기 위해서 발현되는 분노라고 볼 수 있다. 생존성 분노의 증상을 보이는 사람들 중 대부분은 살아오면서 생명이 심각하게 위험했던 경험이 있다. 자신의 힘이 약했던 어린 시절 학대나 성폭행을 당했거나, 전쟁터에 나갔거나, 현재 생명이 위험한 상황에 놓여 있었다면 모두 포함된다.

이 생존성 분노를 가진 사람들은 분노하는 성질을 고치기가 가장 어렵다. 왜냐하면 이들은 본인의 욱하는 성질을 관리하려고 진지하게 노력하기보다는 스스로 희생자라고 생각하고 억울함을 느끼며 이런저런 핑계를 대기 때문이다.

생존성 분노도 진짜 생존성 분노와 가짜 생존성 분노로 분류할 수 있다. 진짜 생존성 분노는 실제로 존재하는 위험을 느낀다든지 정당한 사유가 있지만 거짓 생존성 분노는 안타깝게도 실제로 위협이 없는 상황에서도 어떠한 상황을 위험으로 인지하여 자신의 감정과 행동을 통제하지 못하고 과도한 반응을 하는 것이다.

분노와 두려움은 서로 관련된 밀접한 감정이다. 강력한 두려움과 분노가 조합되었을 때 생존성 분노가 발생한다. 핵심 메시지는 '너가 날 해치기 전에 내가 널 처리해야 해', '나의 가장 소중한 것은 조금도 양보할 수 없어' 등의 강력한 두려움이 분노로 변하는 것이다. 그러므로 두려움도 관리해야 하는 것이 중요한 열쇠가 된다. 두려움은 불안을 야기하므로 두려움에 대한 인식을 거쳐 막연한 두려움에 대한 대안과 제거를 통해 안정으로 전환해야 한다.

'세상은 완벽하게 안전하지는 않지만 충분히 안전하다.' '내 주변 사람들은 나를 아끼고 보호한다.'는 믿음을 갖도록 전환해야 한다.

다음 내용을 경험한 적이 있는가?

- 분노가 폭발한 이후에 기억나지 않은 말이나 행동을 한 적이 있는지?
- 소중한 사람들에게 아주 심하게 해치거나 죽이겠다고 협박한 적 있는지?
- 생각해 보면 가벼운 다툼거리인데도 목숨 걸고 분노를 표출하는지?
- 사람들이 나를 방해하려 한다는 오해나 피해망상에 시달리고 있는지?
- 누가 나를 살짝 두드리는 정도에도 자주 놀라는지?

"그렇다"고 대답했다면 과거에 생존성 분노의 경험했을 가능성이 높다.

★ 생존성 분노를 치유하기 위한 4가지 방법

첫째 : 위험의 상황을 인지할 때 **자신의 판단에 대해 의문**을 가져보기

생존성 분노가 폭발한 적이 있다면 자신이 올바른 판단을 내린다고 믿지 말아야 한다. 현실에 대한 오해는 거짓 생존성 분노를 촉발한다. 위험을 느꼈다면 **잠시 멈추고 상황을 자세히 확인해야** 한다.

둘째 : **위험을 느꼈을 때 자신에게 신호를 보내는 간단한 말을 개발하여 연습하기**

위험을 느끼거나 두려움이 들면 자신의 분노를 멈출 수 있는 단어나 마음을 달랠 수 있는 단어나 말을 개발해야 한다. 뇌는 위험에 처했을 때 즉각적으로 반응을 한다. 하지만 몇 초가 지나면 마음을 진정시키는 데 도움이 될 뿐만 아니라 정확한 상황 파악을 하는데 도움이 된다. 여기서 감정과 이성 사이에 다리를 놓는 것이다. 자신이 위험 감지했을 때 그 감정과 생각에 의문을 던져 보면서 자신에게 '나는 안전해, 위험하지 않아, 진정해, 잠시 멈춰, 예민하지 말자, 오늘은 적 없는 날'

등을 자신에게 말하자. 위의 단어나 말을 매일 일정한 장소에서 생각하고 연습한다. 이 연습이 내 마음 깊숙한 곳에 새겨져 내 삶의 가치관이 되게 해야 한다.

셋째 : 안전한 환경을 만들기

안전한 느낌을 받으면 분노를 멈추기가 쉬워진다. 그렇지만 안전한 환경으로 바꾸기가 쉽지는 않다. 내가 만나는 사람들도 환경이 될 수 있지만 가장 중요한 것은 심리적 환경이다. 예를 들면, ○○를 만나면 기분이 나빠지거나 화가 촉발된다거나, 죄의식을 갖게 할 행동을 함께 하게 된다거나 등이라면 용기를 내서 그 사람과 거리를 둬야 한다. 나를 염려해 주고 생각해 주고 진정한 성장과 행복을 주려는 사람과 자주 어울리다 보면 점점 안전해지고 자신도 타인에게 안정을 주는 사람이 되면서 차츰 좋은 환경으로 변하는 것이다.

넷째 : 현재와 과거를 분리하기

상처가 깊은 사람들은 종종 과거의 기억에 머물러 있다. 자신의 과거가 현재가 된다. 지금은 성인이 되었는데 어린 시절 약하고 힘이 없었던 시절의 상처를 지금도 그대로 부여안고 있다. 이 상처는 자국으로 남아 있어 내 자신도 모르는 경우가 많다. 평상시에는 정상적으로 지내다가 상처의 자국을 건드리면 자신도 모르게 과거의 느낌으로 되돌아가 공포에 질린 절박한 아이가 된다. 과거에 느꼈던 감정을 지금

또다시 느끼고 있는 것이다. 이 과거의 아픈 느낌들은 나도 모르는 무의식에 저장되어 있다. 예를 들면, 자신이 아버지에게서 심한 학대를 받았는데 현재 남편에게서 어린 시절 아버지의 모습을 보고 아버지와 같은 느낌을 받는다면 남편과 아버지를 동일시하는 것이다. 이런 경우 과거의 상처에서 벗어날 수 있도록 현재와 과거를 분리할 수 있는 인식이 필요하다.

체념성 분노

체념성 분노는 자신을 상실하고 체념한 상태이며 인생을 자기 마음대로 조절할 수 없거나 상황을 바꾸기 위해 최선을 다했는데도 아무런 영향을 미칠 수 없다는 사실을 참기 힘들 때 폭발하는 분노이다.

체념성 분노는 서서히 쌓인다. 처음에는 상황을 좋게 만들기 위해 여러 방법으로 끊임없이 노력한다. 그럼에도 불구하고 계속 상황이 좋지 않아 고통이 깊어지고 괴로움이 자라서 화가 커지는 것이다.

이러한 분노는 하늘에 대고 삿대질을 하며 왜 내 아들을 데려갔냐고 신을 향해 절규하는 아버지의 분노처럼 자신이 아무것도 할 수 없다는 무력감에서 비롯된다.

★ **체념성 분노는 다음과 같은 발전단계로 구성한다.**

첫 단계 : 타인에게 심한 **상처**를 받았다고 생각한다.

무엇이 진실인지 중요하지 않다. 자신이 부정적인 사회 체계에 희생되었다고 믿으며 이 믿음이 극단적인 행동으로 부추긴다.

두 번째 단계 : 끊임없이 노력했지만 결국 부질없다는 생각으로 **무력감**을 느낀다.

이 단계에서는 무력감, 절박함이 있다. 함정에 빠졌다는 느낌, 희생되었다는 느낌이다.

세 번째 단계 : 사회적으로 통용되는 방법이 통하지 않아 **비사회적 방법**을 택한다.

어느 순간이 되면 사회적으로 용인되는 방법이 바닥나서 극단적인 방법들을 생각한다.

네 번째 단계 : 이 일에 **집착**하게 되어 다른 생각을 하기가 어렵다.

자신이 받은 상처에 집착하면 융통성 있는 사고는 점점 좁아지므로 합리적 사고가 어렵게 된다.

다섯 번째 단계 : **피해망상**이 생긴다.

과대망상과 피해망상은 자신의 빛과 그림자이다. 적과 아군으로 이원화하여 적에 대한 적대감이 생긴다.

여섯 번째 단계 : 자신이 입은 피해를 바로잡기 위해서 **상징적인 행동**을 한다.

자신에게 피해를 주는 사람을 향해 이성을 잃은 채 복수를 계획할 수 있다.

★ 체념성 분노를 치유하는 방법

자신에게 체념성 분노로 발전할 만한 분노의 요인이 있는지 자신에게 물어야 한다. 상담이라는 것은 마음의 고장 난 부분을 땜질하거나 고치는 것이다. 다음의 방법을 소개하고자 한다.

첫 번째,
① 무엇이 문제인지 탐색해 보는 것이다.
② 절대 하지 말아야 할 습관 목록 작성
③ 실행 가능한 목표 세우기
④ 목표 달성하기 위한 구체적 행동목표 세우기
⑤ 구체적 행동목표 행동 실행하기
⑥ 주기적으로 목표 점검하기

두 번째,
① 어느 누구나 세상을 통제할 수는 없는 것이다.
    다음의 문장을 채우면서 소리 내어 자신에게 전달해 보라.
    "나는 (○○○)을 통제할 수 없다는 현실을 받아들인다."
② 상대에 대한 기대가 합리적인지 살펴본다.

③ 내게 상처를 준 사람을 용서해 보는 것이다.

　내게 상처 준 사람에게 집착하게 되면 미움과 증오의 마음이 나의 환경이 되어 분노로 악순환 된다. '용서'할 수 없지만 내 운명을 사랑하기 때문에 용서를 하는 것이다.

수치심에서 비롯된 분노

　수치심은 자신을 부끄러워하는 마음이다. 부끄러움을 아는 것은 성숙한 사람의 덕목이다. 수치심은 자아와 자존감의 연장에 있는 개념으로 수치스러운 행동을 할 경우 느끼는 것이다. 인간이라면 누구나 어느 정도의 수치심을 느끼며 살고 있다.

　건강한 수치심은 사회 규범의 적응 같은 행동을 촉구한다. 사람은 누구나 실수를 할 수 있는 존재이기 때문에 자신이 어떤 나쁜 행동을 했을 때 수정하려고 하고 그 실수에 일생을 얽매여 살지는 않는다. 반면 건강하지 못한 수치심은 자신을 과소평가할 경우 행동의 위축 등 문제를 낳아 우울과 슬픔을 갖는다. 수치심은 감정의 분노이다. 그러므로 건강하지 못한 수치감은 자신을 숨어 지내게 하고 자신을 부끄럽게 여기고 감정적으로 고통을 느끼며 그러한 수치감에 매여 삶을 살아가게 한다.

　누구나 싫어하는 상황, 즉 자신이 창피를 당했다거나 비난을 당했거나 모욕을 당했다고 느꼈을 때 민감하게 반응하는 사람들이 있다. 이를 수치심에서 비롯된 분노라고 하며, 자신을 수치스럽게 만든 사람에게 욕설을 퍼붓는다거나 폭력적인 행동을 한다.

수치심 분노는 부끄러운 마음이 들면 분노를 내는 것을 말한다. 자신의 수치스러움을 대신해 다른 사람들을 기분 나쁘게 하는 쪽으로 전가하는 것이다. 자신의 수치감을 다른 사람에게 던져 주고 자신은 수치감에서 빠져 나오려는 속임수이다. 이것은 수치스러운 마음과 책망하는 마음의 교환으로 무의식적인 게임이 펼쳐지는 것이라 할 수 있다.

수치심 분노는 매우 위험하다. 수치심은 매우 불쾌한 감정이고 확신이다. 수치심이 마음속에 자리 잡으면 '나는 사랑받지 못한 존재이고 어딘가 결함이 있는 존재이며 나 자신은 아무런 가치가 없다'라고 생각하게 한다.

자신에 대해 이러한 부정적 생각을 갖고 있는 사람은 행동에도 영향을 미친다. 자신의 결함이 너무 커서 다른 사람과 비교하여 보면 자신은 너무 부족하고 작아 보인다. 그러한 것들이 부끄러워 숨고 싶은 마음이 들게 되면 대인관계가 소극적으로 변한다.

수치심으로 인한 분노는 정서적 상처이기 때문에 쉽게 회복하기 어렵고 자신의 부정적 신념으로 굳어 있다. 간간히 매스컴을 통해서 접하겠지만 자신이 모욕을 당했다는 생각으로 가장 아끼고 사랑하는 사람을 살인하는 것으로 결말이 나는 비극을 볼 수 있다.

★ 수치심에서 비롯된 분노를 치유하는 방법

첫째 : 수치심으로부터 **자유로워지려는 목표**를 세운다.
빈칸에 자신의 이름을 써넣어서 소리 내어 약속한다.

> 나(예: 김경희)는/은 오늘부터 욱하는 성질을 버리겠다. 특히 나는 소중한 사람들에게 욱하는 성질을 내지 않는다. 만일 다른 사람으로 인해 내가 수치감을 느낀다 해도 분노하는 말이나 행동을 멈추고 잠시 물러나 있는다. 내가 다른 사람을 비난하거나 공격하지 않겠다.

둘째 : 수치심이 어디로부터 왔는지 **원인을 탐색**한다.
욱하고 분노를 터뜨리기 전에 내면에서 일어나는 생각과 느낌을 관찰해야 한다. 무엇이 자신의 수치심을 촉발시키는가? 다른 사람이 하는 말이나 암시 중에 거슬리는 말이나 행동은 무엇인가? 자기 자신이 싫었던 때를 떠올리고 싶은 사람이 누가 있었는가?

셋째 : **긍정적인 변화를 추구**한다.
자기 자신에 대한 부정적인 것을 긍정으로 고친다. 부정적인 메시지를 멀리멀리 던져 버리고 긍정 메시지를 담는다.

부정메세지	긍정메세지
넌 못났어 넌 노력해도 안 돼 사람들이 날 좋아하지 않아	나는 매력적이야, 나를 존중해! 나는 충분히 괜찮은 사람이야 나는 사람들을 좋아해. 난 필요한 존재야!

넷째 : 자신에게 **칭찬**을 한다.

칭찬은 분노가 더 커지지 않게 막아 준다. 고민하는 시간을 줄이고 자신의 내면에 있는 좋은 점과 내게 소중한 사람들의 내면에 있는 좋은 점을 찾는데 주력한다. 다른 사람에 대한 존중은 그 사람을 한 인간으로 존중하는 바탕에서 가능하다. 이렇게 하는 것은 곧 당신의 존중이다. 그리고 소중한 사람들에게 당신은 충분히 좋은 사람이라고 이야기해 줘야 한다. 사람들과 좋은 관계를 유지하려면 상대방에게 자신의 감정을 표현해야 한다. 그렇지 않으면 상대는 내 마음을 알기가 어렵다.

다음과 같은 목록을 작성하여 매일 체크해 본다.

- 오늘도 상대방에게 공손하게 대하고 상대방을 존중하였는지?
- 주변 사람에게 감사하다는 표현을 충분히 하였는지?
- 자신과 타인에게 수용적인 태도를 보였는지?
- 자신과 타인에게 지지하는 태도를 보였는지?

다섯째 : 자신을 소중히 여기고 **존경**한다.

자신이 다른 사람으로부터 소중히 여겨지고 존경받으려면 다른 사람을 칭찬하는 습관을 길러야 한다. 내가 갖고 싶은 것을 타인에게 주면 타인도 그것을 내게 주는 것이 인지상정이다.

수치심 분노가 있는 사람들은 대체로 힘든 어린 시절을 보낸 경험과 느낌들을 지니고 있다. 어린 시절에 정서적, 육체적 학대를 받았거나, 부모님이 비난적이고 공격적인 성격이거나 무관심한 경우도 많다. 비난 속에서 제대로 성장하는 사람은 거의 없다.

이제는 자신을 소중히 여겨주고 존중하는 사람들 속에서 지내야 한다. 자신의 수치심을 치유하기 위해서는 항상 다른 사람을 존중해야 한다는 것을 다짐해야 한다.

분노에 대한 징후가 있을 시 마음을 먼저 가라앉힌다. 호흡으로 잠시 진정시키고, "나는 욱하는 성질을 잘 조절할 수 있어"라고 속으로 되뇌면서 잠깐 멈춘다. 그래도 화가 나면 잠시 자리에서 떠나라. 강한 사람은 화를 내지 않고 관리한다는 것을 상기한다.

자신의 주변 환경에 긍정적이고 마음이 따뜻한 사람들을 최대한 많이 포함시키고 나 자신부터 이를 실천하는 것을 다짐한다.

버림받음에서 비롯된 분노

　버림받음에서 비롯된 분노는 삶을 파괴하는 괴력을 갖고 있다. 분노의 대상이 사랑하는 사람, 배우자 또는 소중한 사람들이며 그들을 향해 분노를 폭발하는 것이다.

　버림받음에서 비롯된 분노의 발생 기원은 대체로 어머니의 정서적 부재에 대한 공허감·불행감이 '저조한 기분'에 반응된 것이라고 볼 수 있다. 공허감은 자기가 제일 좋아했던 사람 혹은 좋아하는 사람이 마음을 충분히 받아 주지 않을 때 느낀다. 이것은 아이가 제일 좋아하고 의지하는 대상(의미 있는 타인)으로부터의 정서적 지지를 상실하고 없는 것이 원인이다. 실제 어머니와 함께 살면서도 혼자 있는 느낌 때문에 언제나 마음이 텅 빈 것 같은 느낌은 두려움과 유기불안을 가지게 한다. 이 유기불안은 곧 버림받을 것 같은 두려움의 공포이다.

　분노는 일반적으로 어린 시절 어머니의 양육에 방식에 따라 많은 영향을 받는다. 거절과 좌절, 비난 등의 거친 양육에 의해 아이의 마음속에는 분노가 저장된다. 양육 환경이 아이에게 화나는 조건을 만들어 주지 않았으면 화가 무엇인지 모르고 자라게 되었을 것이다. 화를 내는 것도 습관이다. 화내는 습관이 길러지지 않았다면 어른이 되어서도 화를 내지 않는다. 어린 시절 부모에게 버림받았던 경험이 어른이 되어서 표출되는 버림받음에서 비롯된 분노의 토대가 된다는 것이다.

버림받은 분노를 가진 사람은 작은 것조차 참지 못하고 분노를 폭발시키고 자신의 기억에는 없지만 자신의 정신적 내부에 이미지로 남아 있는 자신을 실망시켰던 어머니를 향한 분노이고 자기 자신에게 내는 분노라고 할 수 있다.

분노는 자신의 기대와 반응이 엇갈릴 때 촉발된다. 일정한 양을 받으려고 했는데 일정한 양만큼을 받지 못했을 때 생기는 일방적인 감정이다. 화를 내는 사람의 마음속에 화가 들어 있지 않으면 어떠한 조건에서도 화를 내지 않는다. 화를 내는 사람은 마음속에 화를 낸 이상의 화를 보유하고 있다는 것을 의미한다. 이들은 자신이 사랑하고 소중한 사람들에게 거절 혹은 버림받을까 봐 끊임없이 불안해한다. 사람들과 가까운 관계를 맺고 싶지만 이들로부터 마음이 다칠까 봐 불안해서 가까이 하지 않으려고 하지만 결국은 푹 빠지고 만다.

- 해외 언론에 독일의 한 남자가 실연당한 후 12년 동안 애인과 함께 사용했던 모든 물품을 절반으로 잘라 경매에 내 놓은 사건이 소개되었다. 자동차, 자전거, TV, 컴퓨터, 소파, 핸드폰, 침대, 음반, 우편함, 의자, 헬멧, 곰 인형 등을 전기톱으로 정확히 절반으로 잘라 절반은 옛 연인에게 보내고 절반은 경매에 내놓은 것이다.

- KBS 특집 드라마 《영주의 증명》을 보면 버림받은 분노가 삶을 송두리째 삼켜버리는 것을 볼 수 있다. 내용은 한 살 때 히로시마의 원자폭탄 피해를 경험한 한국 여인의 생애이다. 그 여인은 결혼 후 기형아를 낳아서 이혼을 당한다. 억울함을 참다못한 그 여인은 일본으로 밀항해 가서 요로를 찾아다니며 치료 책임을 요구한다. "난 천황을 만나야 해요. 만나서 따져야 해요. 천황을 만나러 일본에 왔단 말이에요……." 주인공은 땅바닥을 치며 한 맺힌 절규를 한다. "세월은 약이 아니야…… 그 지긋지긋한 40년…… 죽어야 잊혀지겠지……." 절규는 그 여인이 버림받은 것에서 비롯된 분노이다.
- 또 다른 사연은, 2015년 남자에게서 버림받은 아픔을 SNS 통해 표현한 한 여성의 영상이 화제가 되었다. 길바닥에 누워 비명을 지르고 절규하며 뒹굴어 주변 건물 경비원에 의해 안전한 장소로 옮겨지는 영상이다.

이들은 사랑하는 연인으로부터 버림받았을 때 세상을 다 잃은 느낌이었을 것이다. 그래서 어린 시절 엄마에게서 버림받았을 때의 공포와 두려움이 뒤섞인 강력한 분노가 발현되었던 것이다.

인간의 애착 관계를 연구한 Bowlby는 "나는 다른 사람들과 심적으로 금방 친밀감을 느낀다. 나는 다른 사람이 나에게 의지하는 것도 내가 다른 사람에게 의지하는 것도 편안하게 생각한다. 혼자가 된다거나 거절당한 것에 대해 걱정하지 않는다." 등에 전적으로 공감하는 사람들을 '안정형'이라 하였다.

안정형인 사람들은 기본적으로 다른 사람을 믿을 수 있으며, 배우자와 몇 시간 혹은 그 이상을 떨어져 있어도 극심한 초조함을 느끼지 않는다. 그러나 반대로 안정형의 애착 관계를 갖고 있지 못하는 사람들은 "나는 다른 사람과 가까워지는 게 불편하다. 사람들과 가까운 관계를 맺고 싶지만 누군가를 전적으로 믿지도 못하겠고, 누군가에게 마음 편하게 기대지도 못하겠다. 다른 사람과 지나치게 가까워지면 마음이 다칠까 봐 걱정이 된다."는 말에 공감을 한다고 한다. 이들은 자신이 사랑하고 필요로 하는 사람들에게서 버림받을까 봐 끊임없이 걱정을 한다. 항상 불안해하며 자신의 애인이나 배우자와 계속 연락을 주고받아야 한다는 부담감에 시달린다.

이들은 거절당할 것을 가장 두려워한다. 처음에는 지나치게 깊은 관계를 맺지 않으려고 하지만 결국 푹 빠지게 된다. 이들의 배우자들 눈에는 이들이 한없이 약하고 상처받기 쉬운 존재로 보이는데, 그것은 이들이 여전히 언젠가는 배우자가 자신을 버릴 것이라고 믿기 때문이다.

★ 버림받음에서 비롯된 분노를 치유하는 방법 5가지

자신의 분노를 자세히 들여다보자. 자신이 분노를 터트리는 것은 사랑하는 사람이 떠날 것 같은 두려움이 감돌 때 상대를 떠나지 못하게 하기 위한 것이다.

분노를 치유하기 위해서는 과거의 상처가 치유되어야 한다. 과거는 과거일 뿐 현재는 과거의 환경이 아니고 과거의 사람도 아님을 인식해야 한다.

현재 당신의 대상은 과거의 나의 어머니·아버지와 유사한 이미지로 보이더라도 현재 내 앞의 사람은 과거의 사람이 아님을 분명히 인식해야 한다.

첫째 : 버림받음에 대한 불안과 두려움으로 누구에게?, 언제?, 어떻게?, 왜? 분노를 터트린 것인지를 **탐색**하라.

- 누구 : 자신의 분노 패턴을 잘 살펴봐야 한다. 대체적으로 분노의 대상은 자신이 사랑한 사람 또는 자신에게 필요한 사람들을 향해서 일어난다. 그리고 대상이 일정한 성(性)에 편중될 수 있다. 또는 화의 근원이 되었던 부모님을 연상시키는 사람, 화의 근원이 되었던 연령층들에게 분노를 내는 것을 볼 수 있을 것이다.
- 언제 : 어떠한 상황에서 분노가 촉발되는가? 예를 들면, 배우자가 다른 사람을 쳐다봤을 때, 혼자 있을 때 등 어떤 상황들이다. 저자의 지인 중 경제적으로 엄청난 부를 갖고 있고 지적으로도 보이지만 부부간에 자녀가 없는 40대 여성이 있다. 그녀는 남편과 휴가를 가서 호텔 침대에 함께 누웠는데도 심한 우울감을 느꼈다는 얘기를 했다. 그때 저자는 류시화의 시 〈그대가 곁에 있어도 항상

그대가 그립다〉가 떠올랐다.
- 어떻게 : 어떤 말, 어떤 행동, 어떤 표정, 목소리 톤으로 바뀌는지를 구체적으로 인지해야 한다.
- 왜 : 이때 무슨 생각에 화가 치밀었는지 더듬어 본다.

다음 형식을 참고하라.

> 그녀/그가 (   )라고 했을 때, 나는 (, 버림받은 것 같다/배신당한 것 같다 등). 왜냐하면 (   )라고 했기 때문이다.

둘째 : 어떠한 상황에서도 분노를 **멈춰라.**

분노의 순간을 극복하려면 굳은 의지와 각오를 다져야 한다. 버림받음에서 비롯된 분노를 지니고 있는 사람은 스스로 또 버림받을 상황으로 몰고 가는 무의식적 작용이 있다. 항상 분노가 있는 것은 아니지만 문득 불안한 마음이 스며드는 상황이 있다. 예를 들어, 사랑하는 사람에게 나를 사랑한다는 증거를 대라고 끊임없이 요구한다. 상대는 "당신을 진정으로 사랑하고 내 가슴을 벌려 보여주고 싶지만 가슴을 벌릴 수도 없고 정말 하늘에 대고 맹세해"라고 아무리 안심시키려 하지만 자신의 공허함이 너무 크기에 불안해하고 초조해한다.

이 근본적인 불안감은 분노를 부르게 하는 상대를 의심하고 죄를

덮어씌우고 비난하면서 결국은 상대를 힘들게 하는 악순환 속에서 질리게 만든다. 자신의 인생에서 진정 중요한 게 무엇인지 반복해서 생각해 보라. 어떠한 상황에서도 분노하지 않겠다는 약속을 자신에게 다짐하라.

셋째 : 분노를 일으키는 불신을 **믿음으로 바꾸는 것을 목표**로 삼아라.

분노를 촉발시켰던 것을 찾아 신뢰로 대체시켜야 한다. 버림받은 경험이 많았던 사람의 뇌는 불신의 뇌로 훈련이 되어 있는 상태이므로 사물을 바라볼 때 대체적으로 의심과 불신으로 인식한다. 불신을 믿음으로 대체하는 훈련을 다음과 같은 방법으로 실습을 해 보자.

- 나는 이제부터 (   )을/를 믿고 받아들이겠다.
- 나는 남을 더욱 신뢰할 수 있도록 매일 노력하겠다.

상대에 대한 믿음은 관계를 성장시킨다. 계속 반복하였을 때 당신을 안전한 세상으로 인도할 것이며 버림받음 분노를 치유가 될 것이다.

넷째 : 과거에 **믿었던 사람을 추억**해 보라.

어느 누구나에게 믿을 수 있는 사람들은 있었다. 이들과 난 어떻게 믿음의 관계를 가졌는지? 이들은 내게 어떤 말을 하였는지? 이들은 내게 어떤 행동을 했는지? 등을 떠올려 보자. 이들을 떠올려 보는 것은 이들과 함께 과거에 다른 사람을 믿었던 경험에 대한 것이며 지금도 노력하면 이렇게 신뢰적인 관계형성을 할 수 있다는 사실에 대한 반증이다.

버림받음 분노를 막을 수 있는 열쇠는 **믿음의 관계**를 가지는 것이다. 진심으로 나를 믿어주고 또한 내 편이 되어 나의 성장을 바라는 사람들 곁에 있으면서 함께 지내면 자신의 삶은 더욱 성숙된다.

다섯째 : 상대방이 주는 확신을 **그대로 받아들여라.**

정서적인 장애의 대체적인 요인은 불안이다. 다시 말하면 버림받음 분노는 불안에서 오는 두려움이라고 할 수 있다. 다음의 내용은 당신의 경험인지 생각해 보자. 당신은 사랑하는 사람에게서 "널 사랑해"라는 얘기를 들었을 것이다. 그러나 '날 진정으로 사랑할까? 아마 변할 거야'라는 의심을 한 적은 없는지 생각해 볼 필요가 있다. 이것은 상대의 소리를 듣는 게 아니고 나의 내면의 소리를 듣고 있는 것이다.

상대방이 주는 확신을 그대로 받아들이려는 의식적 노력이 필요하다. 상대방이 나에게 "사랑한다"는 말을 하면 그 말을 비아냥거림으로 듣거나 다시 확인하려고 하지 말고 '그래! 난 사랑받고 있어'라는 느낌을 가슴속 깊이 느껴보자.

우리가 행복하기 위해서는 의식적 노력이 반드시 있어야 한다. 상대의 접속과 스킨십도 사랑의 언어이다. 그 느낌을 온전히, 함께 느끼고 나눠야 한다. 있는 그대로를 받아들이게 되면 불안정감이 줄어들고 그에 비례하여 안정감을 느끼게 되면 분노는 자연스럽게 빠져나가고 내면에 안정이 자리를 잡게 되는 것이다.

잠재성 분노

　분노는 누적된다. 잠재성 분노는 삶을 활기차고 기쁜 마음으로 살 수 없게 한다. 잠재성 분노 뒤에는 해묵은 나쁜 감정들이 차곡차곡 쌓이는 경향이 있다. 피해의식, 집착, 시기, 원망, 질투 등을 오래도록 모아 두고 있는 것이다. 이렇게 누적된 분노는 아주 작은 자극에도 쉽게 폭발하곤 한다. 그래서 별것 아닌 사건에도 과잉 반응을 한다.
　분노가 항상 특정 사건에 대해 즉각적인 반작용으로 나타나는 것은 아니다. 잠재성 분노가 있는 사람들은 대체로 자신의 화를 감추고 있다가 자신의 방어기제가 무너지면 그렇게 화를 낼 만한 사건이 아님에도 불구하고 엉뚱한 곳에서 엄청난 분노를 폭발하여 주변 사람들을 당황하게 한다.
　분노의 악감정을 잠재적으로 누적시키기보다 적응하는 행위가 더 효과적이라는 것을 깊이 인식해야 한다.

★ 잠재성 분노를 치유하는 방법

잠재성 분노가 엉뚱한 곳에서 발산하지 않도록 치유방법을 소개하겠다.

첫째 : 마음의 평화를 위해 **의도적으로 노력**하라.

잠재성 분노는 상처가 곪아 있는 것이다. 상처를 치유하지 않으면 상처는 누적되고 오히려 분노가 자신의 삶을 주도하게 된다. 자신의 내면에 엄청난 분노들이 덕지덕지 쌓여 있는데 그대로 두고 함께 살아갈 것인지, 골칫덩어리 분노에 대해 조치를 취할 것인지는 자신의 선택에 달려 있다.

자신에 삶에 장애가 되는 골칫덩어리가 있다는 인식을 하게 되면 그 골칫덩어리를 치워 버리도록 행동으로 옮겨야 한다.

둘째 : 현재 자신의 사고, 생각, 행동 등이 잠재성 **분노의 원인**이 될 가능성이 있는지 **탐색**하라.

잠재성 분노는 화났던 것들을 오래도록 마음에 두고 있는 것을 말한다. 그러려면 더 키우지 않도록 조치를 취해야 할 것이다. 우리는 분노의 감정 밑에 무엇이 있는지 점검할 필요가 있다. 그러면 어떻게 해야 할까?

화의 원인을 제공한 것이 무엇인지를 진단한다. 무엇이 자신을 속상하게 하고 화나게 하였는지? 원인이 확인되었으면 뒤로 미루지 말고 엉킨 실타래를 어떻게 풀어나갈지에 대해 생각하고 실천한다. 대체적으로 화의 작은 원인들은 생각의 관점 차이에서 오는 것, 아니면 오해와 소통의 부재에서 시작된다.

미국의 심리학자 버지니아 사티어(Virginia Satir, 1916~1988)는 5가지 의사소통 유형 만들었다. 나는 학기가 시작되면 학생들에게 사티아의 저서 《아름다운 가족》을 읽고 소감문을 쓰는 과제를 제시하곤 한다.

사티어가 만난 많은 문제의 역기능적 의사소통은 간접적이고 모호하며 정직하지 않았고, 자신에 대하여 스스로 낮게 생각하였고, 사회와의 연결을 맺는 것을 두려워하고 문제를 회피하며 책임을 전가하는 유형이었다.

건강한 의사소통은 자기 내면에서 일어나는 것을 적절하게 표현할 줄 알아야 한다는 것을 의미한다. 내가 느끼고 있는 감정은 무엇이고, 그 감정에 대한 감정은 어떤지, 그 감정을 일으킨 나의 신념이나 가치체계는 무엇인지? 내가 기대하는 것은 무엇인지? 이러한 것들을 자신과 타인에게 정직하게 표현할 수 있어야 한다. 어떤 상황에서든 자신의 생각, 느낌, 행동, 기대 등의 내면 생각과 일치된 표현을 함으로써 좋은 관계가 지속되는 것이다. 그러나 자신의 감정을 제대로 의식하지 못할 경우에는 내면에서 일어나는 것과 겉으로 표현되는 것이 일치하지 않아 의사소통에 걸림돌이 되고 결국 진정한 소통이 이뤄지지 않게 된다.

우리는 어떤 상황에 자극을 받으면 감정이 발생하게 되고, 그 감정에 따라 행동하게 된다. 상황이 감정을 불러일으키는 게 아니고 그 상황에 대해 부여하는 판단이나 해석이 또 다른 감정을 뒤따르게 하여 화를 일으키는 경우가 허다하다. 예를 들면, 동료가 "오늘 행사에 그 차림새는 안 어울려!"라고 했다면, '오늘 내 차림새는 그들이 보기에 좋지 않았나 봐'하고 조금은 기분이 좋지 않음으로 그칠 수 있는데 감정에 따른 또 다른 감정이 섞여서 '아니! 내가 너보다 가난하다고 무시해? 너 두고 봐!'라고 표출된다. 즉 이차적 감정이 섞여서 좋지 않은 감정을 누적시키는 것이다. 일차적 감정을 인정하면 잠시 고통으로 마무리 될 수 있는데, 감정에 대한 감정으로 인해 자신의 괴로움이 더 커져서 분노로 연결되기도 한다. 그러므로 일차적 감정과 이차적 감정을 분리시켜 다룰 수 있어야 한다.

사티어가 그의 저서 《삶의 목표》에서 제시한 나의 자존감 선언을 소개한다.

나의 자존감 선언

나는 나다.
내가 어떻게 보이든 들리든,
무엇을 말하고, 행동하든,
또 주어진 순간에 무엇을 생각하고 느끼든
그 모든 것은 나다.
나중에 나의 모습과 목소리와

> 말과 행동과 생각과 감정을 살펴보면
> 어떤 부분들은 알맞지 않다.
> 나는 그 알맞지 않은 부분을 버리고
> 알맞은 것만 간직하며,
> 새로운 것을 만들어 낼 수 있다.
>
> 나는 보고, 듣고, 느끼고
> 생각하고 말하며 행동할 수 있다.
> 나는 나의 주인이며
> 나는 나를 조절할 수 있다.
> 나는 나이며 나는 괜찮다.

셋째 : **공감**하는 연습을 하라.

공감(empathy)이란 상대의 입장이 되어 상대방의 생각, 감정, 느낌을 내 것처럼 느껴지고 이해되는 심리적 상태이며 그 사람의 감정을 함께 경험한다는 태도이다. 상대방의 감정세계에 함께 머무르면서 상대의 말을 귀담아 듣고, 함께 느끼고, 이해하는 것이다.

공감이 일어나면 그 사람에게 가장 중요한 게 무엇일까? 어떤 느낌이었을까? 화가 났을까? 그 사람이 필요하고 원하는 게 무엇일까? 다정한 마음이 생기고 자연스럽게 위로의 말이 나온다.

넷째 : **증오를 해결하기**

증오는 분노를 만드는 연료이다. 증오를 갖고 있으면 마음이 차갑든지 폭탄을 갖고 있는 것이나 마찬가지이다. 그렇기 때문에 증오심을 버리는 것이 자신을 위하는 길이다.

그렇다면 증오심을 어떻게 버릴 수 있을까? 로널드 T. 포터는 전환, 감정적 무관심, 용서, 화해, 이 네 가지 효과적 방법을 제시한다.

전환의 목표는 문제를 해결하기 위해서가 아니고 머릿속에 있는 불필요한 집착을 몰아내기 위해서다. "머릿속의 아무리 작은 공간이라도 공짜로 전세를 주지 마라." "인생을 즐겁게 살자"라는 것이다.

어떤 문제에 몰입하게 되면 그 문제의 늪에서는 문제만 보이게 된다. 문제에 대한 몰입에서 밝은 곳으로 전환할 때 그 문제가 별것 아니고 하찮게 느껴진다. 문제를 별것 아니게 하기 위해서는 감정적 무관심으로 전환할 필요가 있다.

자신에게 상처와 모욕을 줬던 사람을 떠올릴 때 분노와 증오심이 같이 떠오른다면 여전히 증오심을 품고 있는 것이다. 그들이 내게 준 상처를 털어 버리고 내게 아무것도 남아 있지 않다면 상처는 더 이상 내 것이 아니다. 그러나 증오심을 곁에 두거나 마음속에 간직하고 있다면, 내게 증오심을 불러일으켰던 어떠한 상황과 유사한 상황에 부닥쳤을 때 마음속 증오심을 꺼내 보면서 다시 그때의 증오심과 분노의 상황을 재현해 버리고 만다.

과거의 상처는 과거로 지나간 것이다. 과거에 매여서 자신의 삶을 불행으로 끌고 갈 필요가 없다. 용서와 화해는 자신을 위해서 필요하다. 그러나 아직 용서가 되지 않을 때는 죄책감을 가질 필요 없이 그냥 놓고 나는 나의 삶을 살아가는 것이다.

사람 사는 세상에는 갈등은 불가피하게 발생한다. 갈등을 극복하고 문제를 해결하기 위해서는 타협과 치유하는 기술을 익히는 것이 매우 중요하다. 그리고 문제 해결에 있어 '문제가 되는 것은 문제 자체가 아니고 해결하는 방법'이라는 것을 인식하는 것 또한 매우 중요하다.

문제로부터 감정을 분리해야 한다. 감정이 중요하긴 하지만, 문제 해결을 위해서는 상황을 객관적으로 볼 수 있도록 감정과 사실을 분리해야 한다. 그러므로 우리는 오랜 갈등과 미움이 쌓여 엄청난 분노로 변형되기 전에 문제 해결 방법을 배워야 한다.

★ 분노유형 판별 진단지

다음 주어진 답 가운데 자신과 가장 비슷한 것을 각 문항에 체크해 보세요.

Y : 네. 종종 그렇습니다.
N : 아니요. 그런 생각이나 행동은 하지 않습니다.
M : 잘 모르겠습니다.

이 문장이 내 생각이나 행동과 일치한다고 확신할 수 없습니다.
＊ : 네, 정말 그렇습니다. 매우 심각하고 위험하며 무서운 일입니다.

자료출처 : Potter-Efron(2007)

● 돌발성 분노

1. 화가 급속도로 극심하게 치솟는다.	
2. 가끔 너무 화가 나서 행동이나 말을 주체할 수 없다.	
3. 사람들은 내가 화를 많이 났을 때 나더러 이상하다, 무섭다 혹은 미친 것 같다고 말한다.	
4. 화가 많이 났을 때(술이나 약물 때문이 아니라) 기억이 끊겨서 내가 했던 말이나 행동이 기억나지 않은 적이 있다.	
5. 나는 화가 많이 났을 때 내가 누군가를 심하게 다치게 하거나 죽일까봐 걱정이 된다.	
6. 화가 나면 나는 딴 사람이 된 것 같다.	
7. 누군가 나를 모욕하거나 협박하면 즉각 화가 치민다.	

1-7번 중에 Y혹은 ＊로 답한 문항 개수 [   ]

● 생존성 분노

8. 내가 다른 사람과 몸싸움이 났을 때 여러 사람이 달려들어서야 간신히 나를 떼어냈다.	

9. 화가 많이 나면 다른 사람을 크게 다치게 하거나 죽이겠다고 협박한다.	
10. 나는 곧잘 깜짝 놀란다. 예를 들어, 누가 뒤에서 어깨만 살짝 쳐도 화들짝 놀란다.	
11. 화가 나면 마치 내가 살아남기 위해 싸우는 것 같은 기분이 든다.	
12. 상상 속의 위험에서든 진짜 위험에서든 자신을 지키기 위해 물불을 가리지 않고 분노를 터뜨린 적이 있다.	
13. 다른 사람들이 나를 해칠 것이라고 믿는 건 거짓이며 편집 증세가 있다는 말을 자주 듣는다.	
14. 나는 정말 화가 나면서도 사실은 두려워서 투쟁 도주 반응 (Fight or Flight Response, 위기 상황에서 본능적으로 싸울 것인지 도망칠 것인지를 결정하는 반응)을 보인다.	

8-14번 중에 Y혹은 ＊로 답한 문항 개수 [   ]

● 체념성 분노

15. 사람들이 나를 인정하지 않고 내 말을 듣지 않을 때 폭발할 것만 같다.	
16. 혼자 '더 이상 못 참아'라고 생각한 뒤에 욱하는 성질이 폭발한 적이 있다.	
17. 내가 통제할 수 없는 상황에 처하면 화가 나고 무기력한 느낌이 든다.	

18. 내 뜻대로 일이 되지 않으면 물건을 부수고, 바닥을 주먹으로 내려치거나 악을 쓴다.
19. 너무 화가 나면 설혹 그게 상황을 악화시키는 일이라고 해도 무슨 일이든 해야 직성이 풀린다.
20. 나를 조절할 수 있는 통제권이나 힘이 있는 사람에게 폭력을 행사하거나 복수하는 생각을 품은 적이 있다.

15-20번 중에 Y혹은 *로 답한 문항 개수 [   ]

● **수치심에서 비롯된 분노**

21. 사람들이 나를 존중하지 않으면 분노가 치민다.
22. 나에게는 내 평판을 지키는 일이 무척 중요하다.
23. 사람들이 나를 바보, 못난이, 무능력자라고 생각할까 봐 자주 걱정한다.
24. 나는 누군가 내 잘못을 지적했을 때처럼, 창피를 당하면 정말 화가 난다.
25. 비판에 지나치게 민감하다는 소리를 자주 듣는다.
26. 사람들이 나를 혹평했다 싶으면 계속 마음에 담아둔다.
27. 사람들이 나를 무시하면 화가 난다.

21-27번 중에 Y혹은 *로 답한 문항 개수 [   ]

● 버림받음에서 비롯된 분노

28. 내가 버림받았거나 배신당했던 때를 생각하면 분노가 치민다.
29. 질투심이 너무 강해서 괴롭다.
30. 나를 소위 걱정한다는 사람들이 못 믿을 사람들임을 증명하기 위해 증거를 찾는다.
31. 사랑하는 사람들로부터 냉대 받거나 무시당하면 견딜 수가 없다.
32. 나를 버리고 떠났거나 나를 냉대했던 혹은 배신했던 옛 배우자 혹은 현 배우자에게 복수하겠다는 생각에 집착한다.
33. 내 배우자나 자녀들이나 친구들이 나를 사랑하고, 챙겨주고, 관심 가져주는 것보다 내가 주는 게 훨씬 많아서 손해 보는 기분이 든다.
34. 일단 누군가에게 화가 많이 나면 그 사람이 어떤 따뜻한 말이나 안심시키는 말을 해도 전혀 받아들이지 못한다.

28-34번 중에 Y혹은 *로 답한 문항 개수 [   ]

● 잠재성 분노

35. 예전에 모욕을 당했거나 상처받았던 일을 계속 곱씹는다.
36. 예전에 당했던 모욕 때문에 화났던 게 누그러지거나 풀리기는 커녕 시간이 갈수록 더 심해진다.

37. 나는 가끔 나를 다치게 했던 사람들에게 복수하는 강렬한 환상에 사로잡힌다.	
38. 다른 사람이 나에게 저지른 짓 때문에 그 사람을 증오한 적이 있다.	
39. 내가 겉으로 안 드러내서 그렇지 속으로 얼마나 화가 났는지를 알면 사람들은 놀랄 것이다.	
40. 사람들이 은근슬쩍 넘어가려는 것을 보면 화가 머리끝까지 난다.	
41. 쉽게 용서하지 못한다.	
42. 화가 점점 쌓여가지만 다른 사람에게는 아무 말도 하지 않는다.	
43. 당한 만큼 갚아주기 위해 남을 고의적으로 다치게(육체적으로나 말로나) 한다.	

35-43번 중에 Y 혹은 ＊로 답한 문항 개수 [   ]

진단

최소한 몇 점 이상이면 화를 조절하는 데 문제가 있다고 정해진 것은 없지만 대답 가운데 'Y' 혹은 '＊'가 있다면 끓어오르는 화를 조절하는 데 어려움이 있다는 의미이다. 일반적으로 'Y'와 '＊'가 많을수록 분노 문제가 심각하다는 것이며, 어느 특정 유형에서 'Y'와 '＊'가 더 많이 나왔다면 해당 유형의 분노 문제를 갖고 있을 확률이 높다는 의미이다.

제4장

분노 다스리는 7가지 방법

마음이 곧 세상이다

마음이 곧 세상이다. 우리는 흔히 마음은 내 안에 있고, 세상은 내 몸 바깥에 있다고 본다. 그러나 실상은 그렇지 않다. 우리 함께 마음의 소리를 잘 들어보자. 우린 같은 상황에서도 오늘 내 마음이 유쾌하면 다른 사람에게도 너그러워지고, 오늘 내 마음이 불편하거나 화가 나 있을 때는 주변 사람에게 억지를 부리고 괜한 트집을 잡을 경우가 많아진다. 내 마음이 세상을 요리조리 재단하고 내 마음과 눈을 통해 볼 수 있는 한정된 세상이 전부라고 우기기도 한다. 다른 비근한 예로, 한 사람을 두고 어떤 사람은 좋은 사람이라고 하고, 어떤 사람은 아주 못된 사람이라고 결정하는 것처럼 내 마음이 투사된 세상을 바라본다. 그러니 마음이 세상이 되는 것이다.

　분노만 잘 다스려도 10년 이상은 젊어질 수 있다. 마음 고쳐 몸 고치는 한의사 최인원은 마음이 몸을 바꾼다고 강조한다.

　아팠던 기억이 병을 만들기도 한다. 우리 무의식은 아팠던 기억을 저장하고 있다가 아팠던 기억과 유사한 이미지에 접근하면 아픔을 지속시키거나 재현한다. 온갖 부정적 생각과 감정이 병을 만드는 것이다.

우리의 몸은 우리가 가진 믿음을 그대로 실현한다. 문제는 이런 믿음이 대부분 무의식화 되어 있어서 자신에게 어떤 믿음이 있는지 스스로도 잘 모른 채 몸이 아픔으로 실현된다는 것이다.

내 마음 안에 있는 분노는 내 말을 듣는다. 마음 안에 있는 시기, 미움, 절망, 두려움, 공포 등은 마음의 독소이다. 마음속 독소를 해독하지 않으면 잠재적 감정이 분노로 변형되어서 활개를 친다. 인간의 심리는 무심코 하는 생각이 무의식으로 작용하여 행동을 유발한다. 무심코 생각할 때는 자신의 생각에 의심하거나 저항하지 않는다. 그 결과 그 생각은 실제로 우리 행동을 만든다. 따라서 내 마음 안에 있는 분노의 독소를 제거하지 않으면 우린 행복해질 수 없다.

분노는 자연스러운 감정이므로 분노를 다스릴 수 있어야 한다.
분노를 다스리면 인생이 변한다.
분노관리는 가능하다. 분노를 다스리는 기술을 갖고 있으면 된다.

분노에 끼어들지 말라

분노 시에는 충동적이므로 우리는 생존모드에 돌입한다. 분노 시에는 에너지가 높아져 괴력이 발생하기도 하는데 이때 분노를 그대로 발산하는 것은 괴력과 싸우는 것과 마찬가지 결론에 이른다. 그러므로 분노를 관리해야 한다. 생존모드를 정리모드로 전환시켜야 한다.

분노상태에서 상황을 직시해야 한다. 예를 들어 멧돼지가 마을에 나타났다고 상상해보자. 새끼 멧돼지인지 어른 멧돼지인지 살펴봐서 싸워야 할지, 도망쳐야 할지 선택할 수 있는 것이다. 그 선택의 기준은 내가 맞서서 이길 수 있으면 맞서야 하겠지만, 그렇지 않다면 도망쳐야 할 것이다.

분노가 치밀었을 때 말과 행동을 잠시 멈춰야 한다. 멈춘 후 자신의 마음을 돌아보고 자신의 분노의 요인을 들여다봐야 한다. 분노가 치밀어 오른 상태에서 말하거나 행동하게 되면 분노가 또 다른 분노를 더 가져오게 되고 문제는 더 악화된다.

예를 들면, 우리 집에 불이 났다고 생각해 보자. 그러면 무엇부터 해야 할까. 불 지른 사람과 싸워야 하는지 아니면 활활 타오르는 불부터 꺼야 하는지. 불 지른 사람과 먼저 싸운다면 그사이 집은 다 타서 잿더미가 될 수 있다. 그러니 일단 불부터 끄고 봐야 한다. 치밀어 오르는 분노에 끼어들지 말고 잠시 멈추어 자신과 대화를 하는 것이 중요하다. 자신의 분노에 겸손하고 솔직해 보자.

분노는 자신의 선택이다. '먹이를 골라서 주기' 즉, 어디에 먹이를 줄 것인지는 자신이 선택한다. 사랑과 이해와 같은 긍정적인 씨앗에 먹이를 주면 행복이 자라게 될 것이고, 부정적인 씨앗에 먹이를 주면 분노와 파괴가 자랄 것이다.

분노가 많은 사람들은 그동안 마음속에 들어 있는 부정적 씨앗에 먹이 주기를 선택했기 때문이다. 그래서 분노의 씨앗이 너무 크게 자랐다. 이것이 분노의 주된 원인이지 상대가 분노를 일으키는 원인은 결코 많지 않다.

고통을 많이 당하는 사람은 자기 주변의 소중한 사람들에게 고통을 준다.

마음의 상처와 분노를 감싸 안고 잘 보살필 때 마음의 평온함을 갖는다. 이제 자신과 타인의 긍정적인 행복에 먹이를 줘 보자. 분명 행복이 자라고 있을 것이다.

자신에게 친절하라

　자신에게 친절하지 않은 사람은 대체로 상처가 있다. 심리적으로 건강한 사람은 자주적인 주체성을 갖고 있다. 이러한 사람은 충분히 사고할 수 있기 때문에 자신의 입장을 분명하게 표현할 수 있고, 상대방의 영향에 좌우되지도 않으면서 친밀한 관계를 유지할 수 있다.
　분노는 옳지 못하고 나쁜 것이라고 해선 안 된다. 때론 분노도 존중되어야 한다. 왜냐하면 분노도 나름 자신의 역사이고 자신의 최선의 방식이기 때문이다. 다만 분노는 부정적인 에너지이므로 잘 관리해야 한다.
　우리의 마음에는 긍정의 씨앗과 부정의 씨앗이 공존한다. 그러므로 부정의 씨앗을 긍정에너지로 전환하면 되는 것이다. 생활 속에서 불을 어떻게 사용하느냐에 따라 인간에게 이로움을 주는 에너지 자원이 될 것인지 사람을 해치는 재앙이 될 것인지 결정된다. 이렇듯 분노도 자신의 멋진 목표를 향한 에너지로 사용한다면 얼마든지 좋은 쪽으로 이용할 수 있는 것이다.
　그러나 실천방법은 비폭력적이어야 한다. 자신의 분노를 사랑으로 친절하게 대해 주어야 한다. 자신을 친절하게 돌보면 자신의 부정적인 감정이 자신을 사로잡지 않을뿐더러 분노가 나를 지배하지도 않는다.

　자신의 마음속 분노가 모습을 드러내려고 할 때 우리는 스스로에게 친절해야 할 때라는 것을 바로 알아채고 받아들여야 한다. 분노가 치미는 것은 내가 힘들고 아프기 때문이므로 자신을 감싸고 보살펴 줘야 한다. 나와 똑같은 쌍둥이가 있다고 생각하자. 한쪽이 "경희야! 나 몹시 고통스럽고 힘들어, 화가 나서 미치겠어. 경희 네가 그걸 알아 줬으면 좋겠어"라고 말을 건네면 다른 한쪽이 "염려하지 마! 내가 최선을 다해서 너의 화를 보살피고 있으니까"라고 다독여 주듯 자신에게 친절하고 가깝게 대하라.

　화가 치밀 때 거울에 자신의 얼굴을 비춰보길 바란다. 저자가 남편과 부부싸움을 할 때였다. 싸움 도중 남편이 내게 "당신 지금 화내는 얼굴이 흉측스럽다"라고 말했다. 순간 고개를 돌려 거울을 보았는데 거울 속에는 벌겋게 달아오른 일그러진 얼굴이 나를 쳐다보고 있어 깜짝 놀랐다. 내가 보기에도 매우 흉한 얼굴이었다. 이 사건을 계기로 나는 내 자신을 좀 더 잘 가꾸고 가다듬기 위한 노력을 하게 되었다.

　화를 내면 나의 본마음을 전달할 수 없다. 화내는 방식에 문제가 있는 것이다. 화를 안내면 50% 이익이고, 설득하면 100% 이익이다. 분노 뒤에 숨어 있는 분노를 찾아서 그 분노의 상처에 위로를 해 줄 필요가 있다.

자신의 분노는 자신의 스토리가 있다. 어떤 부분이 자신의 분노를 일으키는가?

분노를 일으키는 이 분노의 모습은 내 안의 나의 것임을 알아야 한다. 타인에게서 느끼는 이 분노의 모습을 다시 내게로 가져와서 스스로 내게 무슨 말을 하는지 들어야 한다.

자신의 분노의 숨은 의도는 무엇인가를 살펴보아야 한다. 자신의 감정을 의미 없이 흘려보낼 것이 아니라 감정 뒤에 숨은 감정이 무엇인지 감정성찰을 해야 한다. 우리는 감정성찰을 통해서 자신을 성장시킬 수 있다.

감정성찰 이후 **감정의 적응적 수준의 전략**을 세워야 한다. 적응적 수준이라는 것은 정서적인 지배의 압력을 받을 때 의식적으로 객관성을 유지하고 합리적으로 행동할 수 있는 능력을 말한다. 이러한 자신의 적응적 수준을 높이기 위해서는 감정균형이 필요하다.

감정균형은 자신의 강한 정서와 자발성을 가지고 있지만 정서적 충동에 저항할 수 있는 자제력과 객관성을 가지고 있어야 한다. 목마르면 물을 찾아 먹듯이, 진정한 행복을 원한다면 행복을 찾을 것이다. 감정균형 관리의 목마름을 갖게 되면 감정균형 관리의 법을 배우고 관리기술을 익혀 실행해야 한다. 감정균형 관리의 절실함을 가지면 무의식에 접촉이 되도록 간절함을 가져야 할 것이다.

자신에게 친절하기를 원한다면 가진 것을 나눠 주는 법을 알아야 한다. 가진 것을 나눠 주는 방법을 모르는 사람은 가진 것을 누리지 못한 사람이다. 행복은 가지고 있는 것을 누리고 사용하는 것이다.

또는 주는 것과 받는 것을 구분하지 못함에도 있다. 우린 주면 주는 것으로 그쳐야 한다. 그런데 받는 사람이 어떻게 하는지까지 관여한다. 즉 받는 사람이 내가 주는 대로 사용하지 않으면 주었던 것을 후회하면서 다음부터는 주는 것에 인색해지게 된다. 저자의 친척 중에 경제력이 없는 70세 넘은 올드미스가 있다. 이 올드미스는 부모님 살아 생전에 병수발을 하면서 일생을 보냈다. 그로 인해 여동생에게 매월 용돈으로 30만원을 받는다. 어느 날 여동생은 올드미스인 언니가 조카의 자녀에게 돌 선물로 금반지를 해 줬다는 얘기를 듣고 화가 나서 언니의 용돈을 줄여 버렸다. 조카에게 선물을 하라고 용돈 주는 것이 아니었다는 것이다. 하지만 이 올드미스의 주장은 다르다. 왜냐하면 용돈을 줬으면 그 이후는 상관하지 않아야 한다는 것이다. 그렇다. 내 손에서 떠난 것은 관여하지 말아야 한다.

자신과 친해지지 못하는 중요한 이유는 자신의 상처 때문이다.
누구나 상처는 있다. 나무에 옹이가 있듯이 사람에게도 상처가 있다. 우린 상처 부위의 언저리에서 또 상처를 받고 덧나는 과정에서 분노로 연결된다. 상처가 많은 사람은 사소한 것에서도 상처를 받아 원만한 인간관계를 유지하기가 어렵다.

자아의 상처가 아물고 회복될 때까지 상처는 나름의 모습으로 변형되어서 역할을 한다. 상처의 변형된 모습은 분노, 우울, 폭력, 무기력 등으로 연결된다. 그 상처는 시간이 훌쩍 지났음에도 불구하고 기억 또는 무의식 속에서 자신의 삶을 억울함과 희생자라는 틀 안에 가둔다. 그리고 분노와 함께 부정적인 과거를 자꾸 끄집어내어 지금·현재를 방해하고 자신도 모르게 삶의 걸림돌을 만드는 것이다.

상처는 아물게 하거나 치유해야만 다시 그 자리에 타인으로부터 상처를 받더라도 덧나거나 심해지지 않을 것이다. 집안에 온갖 잡동사니가 너저분하게 널려 있으면 다른 잡동사니를 불러오는 것처럼 상처는 또 다른 상처를 불러온다. 그러므로 상처를 치유하기 이전에 자신의 상처가 어디에 있는지부터 알아야 한다.

제일 먼저 기억에 떠오르는 억울한 내 안의 감정부터 관찰해 보자. 나와, 나를 지켜보는 나를 먼저 설정하고 성성해 보자. 깊은 곳에서 올라오는 내 감정을 허락하고 진실되게 바라보자. 억눌러왔던 분노와 아픔을 만나는 것이다. 억눌렀던 감정과 분노들이 올라올 때 그 감정들에 휘둘려서 허우적거리는 것이 아니고 분노와 아픔의 에너지가 몸 안에서 어떤 모양으로, 어떤 느낌으로 일어나는지 지켜보자. 그리고 그 모습을 측은지심 연민으로 지켜보자. 그렇게 내가 나를 안쓰럽고 따뜻한 시선으로 보다 보면 내 마음 속 깊은 곳에 자리 잡고 있던 분노의 실체와 마주하게 된다. 그 속엔 두려움과 외로움, 공포들의 근원적인 모습들이 있었을 것이다. 두려움과 외로움으로 움츠러든 내 모습에게 이렇게 얘기해 보자. "경희야 그 동안 외로웠고 힘들었지!

이젠 너 곁에 내가 항상 함께할게."

기억나지 않는 상처는 어떻게 해야 할까? 기억나지 않는 상처를 쉽게 알아챌 수 있는 방법은 무엇일까?

내가 어디에서 열등의식을 느끼는지를 관찰해 보는 것이다. 삶속에서 내가 어느 상황, 어느 순간에 위축이 되는지를 관찰해 보면 알 수 있을 것이다. 예를 들면, 돈 많은 부자 앞에 서면 내가 너무 가난해 보이고 초라하게 느껴진다거나 돈 있는 사람이 많이 부러우면 돈에 대한 상처일 것이고, 학식이 높은 사람 앞에 섰을 때 내가 너무나 부질 없고 작은 존재로 느껴지면 학력에 대한 열등감이다. 또한 예로 적합할지 모르겠지만 명품가방에 눈길을 힐끗힐끗 준다면 그 사람은 자신도 그러한 명품가방을 가지고 싶은 마음일 것이다.

열등감은 곧 우수성으로 연결할 수 있는 다리라고 생각해도 된다. 우리가 느끼는 열등감의 자리를 채우면서 다리를 건너간다. 다리를 다 건너면 그 자리들은 우수한 것으로 채워지는 것이다.

자신에게 호기심을 가져라

진실한 자기를 찾는 것은 우리 인생의 중요한 과업이다.

지금 '내 죽음의 순간'을 상상해 보자. 스티브 잡스가 병상에서 소중한 3가지를 얘기했던 것이 생각난다. "가족의 사랑, 친구의 우정, 그리고 젊은 날의 꿈들"

난 "젊은 날의 꿈들" 앞에서 마음이 멈췄다.

지금까지 세상에 살아남기 위해서 안간힘을 쓰고, 남들에게 인정받고 앞서기 위해서 몸부림치면서 지금의 자리에 도착한 나이다. 나의 내면 깊숙한 곳에 자리 잡은 나의 참 자기는 나에게 무엇을 원했던 것일까?

스티브 잡스는 생명의 기적이 일어난다면 무엇을 해보고 싶었을까? 나는 지금이라도 나의 참 자기에게 귀를 기울여 내면의 소리를 간절히 들어야 한다. 그것은 칼 융이 말하는 '개성화' 과정이다. 프로이드가 말한 '개체화' 과정이다.

칼 융이 말했듯이 신은 모든 인간에게 빛, 즉 보석을 선물하였다고 하였다. 그 보석은 자신의 삶의 원동력이 되는 재능일 것이다. 그런데 우리는 내 안의 빛은 바라보지 않고 세상에서 방황하고 있다. 바깥에서의 방황은 줄이고 내면을 관찰하고 탐색하여 진정한 나의 삶을 살기 위한 능력을 발휘해 보는 것이다.

　나의 참 꿈은 세상 밖으로 나아가 잎이 되고, 가지를 뻗어 열매를 맺고 싶은데 나의 능력은 땅속 깊이 묻힌 채 세상에 나오지 못한다면 나의 진정한 자기는 그 답답한 마음이 우울과 분노로 변형되어 자신의 삶을 무력화시키는 행동으로 표출되기도 한다.

　자아를 실현시키는 것이 우리에게 곧 힘이 된다. 자아실현의 과정은 참된 기쁨뿐만 아니라 현실의 삶을 더 의미 있고 행복하게 바꾸어 놓는다. 매사 행복이 충만하면 인간관계의 왜곡이나 오해가 줄어들고 부정적 견해가 줄어든다. 그러므로 심리상태가 안정이 되고 파괴적인 행동이 사라지거나 줄어든다. 마침내 타인에게 너그러워지고 자신 내면의 분노는 사람을 귀히 여기고 세상을 아름답게 보고 주변은 기쁨과 소중함으로 변화된다.

　자신에게 호기심을 가지려면 자기인식을 높여서 좋은 습관을 강화해야 한다.
　자기인식을 높이려면 객관적인 자기평가와 자신의 감정인식에 집중해야 한다.

여러분도 직접 자신의 평가에 참여해 보자.

- 인간으로서 나 자신은 어떤 사람인가?

- 내 강점과 약점은 직접 적어보자.

- 내가 중요하게 여기는 것은 어떤 것인가?

- 내게 기쁨과 행복을 주는 것들은 무엇인가?

- 내게 불쾌감을 주는 것들은 무엇인가?

자존감을 가져라

　세상에서 가장 멋진 옷은 자존감이다. 자신에 대한 긍지를 갖는 것은 마법과 같은 능력을 발휘하게 된다. 자존감을 가진 사람은 자신을 남과 비교하지 않는다. 누군가와 비교하지 않고 '나 자체', 있는 그대로의 나를 가치 있고 소중한 존재로 여기는 것이다.
　자존감이란 자신의 가치에 대해 스스로 내리는 자기 판단과 평가, 자기 이미지, 자기 신념 등이며 행동으로 나타나게 된다.
　자존감이 높은 사람은 긍정적이며 자기에 대한 인식이 분명하고 내적 통제가 일관성이 있고 안정적이어서 외부 환경이나 다른 사람들의 평가에 그다지 흔들리지 않는다. 또한 자신의 삶을 스스로 선택하며 책임 있고 목표 지향적이다.
　자존감이 낮은 사람은 자신을 드러내는 것을 두려워하고 자신감이 부족하여 어떤 결정을 내리는 것에 주저한다. 외부 환경에도 민감하여 감정이 예민하게 반응한다. 자신이 바라는 삶을 살지 못하고 다른 사람들로부터 인정과 사랑을 받으려는 것에 급급하고 자신을 남과 비교하고 위축되어 있다.
　자신을 남과 비교하는 순간 어느 누구도 자유로운 사람은 없다.

언제나 나보다 실력이 높은 사람은 있기 마련이고, 나보다 돈 많은 사람도 있기 마련이다. 또한 나보다 잘 생긴 사람이 있기 마련이다.

자존감이라는 것은 남과 비교하지 않고 내가 내 자신을 인정하고 승인하는 것이다. 자기 자신이 가지고 있는 약점, 한계점을 비하하거나 자책하지 않고 있는 그대로 인정하면서 당당하게 자신의 또 다른 점을 믿고 신뢰하는 것이다.

사람은 내내 자기 자신에게 속삭인다. 그 속삭임은 사실인 경우도 있고 사실이 아닌 것들도 있다. 자신에게 어떤 이야기를 하느냐에 따라 삶은 완전히 다른 방향으로 전개된다. 예를 들면, 어머니가 자녀에게 반복적으로 "너는 성공하기는 틀렸어"라고 말한다면, 마침내 자녀는 어머니에게 들은 말대로 무의식적으로 믿으면서 삶을 살아가게 된다. 마치 주문처럼 성공할 수 없는 것을 예상하고 있기 때문에 성공된 삶을 위해 노력하지 않는다. 또한 성공할 수 없는 방법으로 행동하고 삶을 살아가는 무서운 결과를 낳게 된다.

마음은 해석의 능력이 있다는 것을 알아야 한다. 내 삶이 나에게 어떻게 대하는지에 대해 생각해 보자.

★ 당신은 자신에게 어떤 얘기를 하는가?

- 나는 버려진 사람이야~
- 나는 못났어!
- 나는 남들이 볼 때 너무나 보잘 것 없어
- 난 왜 이리 못생겼지?
- 난 능력이 없어.
- 난 늙었어.
- ……

위의 부정적 이야기를 자신에게 긍정의 이야기로 바꿔 보자.
자신의 무의식에 전달(인식)될 때까지 반복적으로 알려 줘야 한다.

- 나는(자신의 이름을 넣어) 귀한 사람이야~
- 나는 개성이 있고 매력적이야~
- 나는 멋진 사람이야~
- 나는 참 잘 생겼다~
- 난 생각을 바꿀 수 있어.
- 난 마음먹으면 뭐든 할 수 있다.
- 난 청춘이야~
- ……

이러한 마음을 내 자신에게 계속 줌으로써 생각이 조절되고 행동은 생산적으로 변화된다. 마음이 불안하고 안정이 되지 않을 때 우리의 삶은 긴장되고 무언지 모를 허무함과 외로움을 느낀다. 그리고 주변이나 인간관계도 원활하지 못하여 많은 문제들이 삐꺼덕대며 예상하지 못했던 어려움에 부딪힌다. 그러므로 우리는 감정의 문제들을 먼저 해결해야 한다.

이 감정들의 밑에는 자신의 빈약하고 부정적이고 낮은 자존감이 내 자신을 이끌어 가고 있다. 이 빈약하고 부정적인 낮은 자존감을 당당하고 자신을 소중히 여기고 귀히 여기는 자신의 긍지로 바꿔줘야 한다.

빈약한 자존감을 가진 사람들은 대체적으로 소극적이다.

소극적인 사람들은 대인관계가 활발하지가 않다. 소극적이다 보니 사회활동에도 어려움이 뒤따르기도 한다. 그러나 적극적인 사람들은 대체적으로 건강한 의사소통을 통하여 대인관계가 활발하고 사회활동도 원활할 가능성이 높다. 그렇다면 적극적인 사람이 되기 위해서는 어떻게 해야 할까? 적극적인 사고방식이 뒷받침되어야 적극적 활동도 가능할 것이다.

더욱 발전적인 삶을 위해 우리는 적극적인 정신 자세와 새로운 자아개념 형성을 위해 노력해야 한다. 자신의 무의식 세계에 적극적인 정신이 채워질 때까지 자신에게 적극적이고 당당한 이야기를 적극적으로 들려 줘야 한다. 그러면 내 자아는 자연스럽게 확고한 자신감으로 가득찰 것이다.

★ **실천적인 행동 → 자신이 알아들을 때까지 전달하자.**

- 난 기능적인 의사소통을 할 수 있어!
- 난 성공을 할 것이니 지금부터 성공된 내 모습으로 살아갈 것이다.
- 난 내 감정을 잘 통제할 수 있고 내 마음의 평안을 유지할 수 있다.
- 난 행복한 습관으로 행복한 성격을 계속 발굴하면서 살아갈 것이다.
- 어떤 문제가 오더라도 이 또한 지나가므로 낙천적인 생각으로 살아갈 것이다.
- 나는 나를 믿는다.
- 내 삶에서 혹시 장애물이나 삶의 걸림돌을 마주쳐도 난 넘어갈 수 있는 힘이 있어 이 또한 경험으로 받아들일 것이다.
- 분노의 상황이 오더라도 분노로 대응하지 않고 차분하게 직시할 것이다.

자존감은 자기 자신을 바라보는 관점이다. 나를 인정하고 타인도 인정하는 것이다. 나는 나 자체로 이미 소중하고 유일한 하나의 인간이다. 스스로 자신에 대한 긍지와 규정을 내리지 못하면 자신에 대해서 다른 사람들에게 휘둘리기가 싶다. 자존감이 낮으면 자신의 자괴감으로 인해 주변 사람과 자신을 향해 분노를 분출하므로 상황을 악화시키는 악순환이 된다.

자존감이 있는 사람은 화를 잘 내지 않는다. 자존감은 스스로 키워가야 한다.

★자존감을 높이기 위해서 다음과 같은 방법들을 시도해 보자.

- **완벽하려는 강박에서 벗어나는 것이다.** 어느 누구도 완벽하지 않고 완벽하려는 노력만 할 뿐이고 노력의 과정을 즐기고 완벽에서 자유로워지는 것이다. 자신의 부족한 점을 부끄러워하지 않고 조금씩 보완하다 보면 자신은 몰라보게 달라져 있을 것이다.
- **자신에게 칭찬을 매일매일** 한다. 오늘 자신의 어떤 행동이 좋았고, 어떤 생각을 잘 했는지 찾아서 자신에게 아낌없는 칭찬을 한다. 그리고 자신에게 자주 선물을 해 준다.
- **작은 성공 경험을 시도한다.** 작은 시도가 모여서 큰일을 두려움 없이 할 수 있는 능력이 생긴다. 타인에게 어떻게 비칠지 두려워 말고 자신을 믿고 나아간다. 우리는 누구나 능력을 가지고 태어났다. 그 능력을 끄집어내서 능력을 발휘할 때 내 안의 내가 참 삶의 의미와 참 기쁨을 누린다.

  능력을 발휘하면서 살아가는 것은 우리 인생의 중요한 과업이다. 이 과업을 수행하는 과정이야말로 내 안의 분노를 녹이는 명약이 되는 것이다. 내가 하고 싶어 했던 일에 매일매일 거름을 주는 것이다. 이것은 우리의 삶에 거름을 주는 것과 같다. 누구나 자기가 가진 능력만큼 할 수 있다.
- **긍정적인 생각으로 전환한다.** 긍정적 생각을 높이기 위해서 긍정적 감정 경험을 떠올려 생각해 보자. 행복하고 즐거웠던 사건에 대한 기억이나 최상의 컨디션을 유지하고 매우 생산적이었던 때,

또는 자신감을 느꼈던 때를 떠올려 본다. 그런 다음에 몸이 어떻게 느끼는가에 대해 집중해 본다. 힘든 일이 생기면 이러한 기쁨 및 행복감을 줬던 생각을 의도적으로 하면서 내 몸도 기쁨과 행복감을 줬던 때의 그 느낌을 가질 수 있도록 한다. 마음 속 깊은 곳에서 자기존중과 건설적인 결정을 내리는 긍정적인 감정이 채워지면 부정적 감정은 자리가 좁아져서 그 역할이 미미해 진다. 결과적으로 긍정적 선택과 긍정적 행동으로 이어진다.

우리는 사람인지라 파도처럼 밀려오는 불안을 늘 떠안고 살아야 한다. 불안이나 부정적인 생각이 들어오면 스톱! 이라고 말하고 부정에서 빠져나와 긍정을 향해 나아가자. 자신에게 "넌 할 수 있어", "넌 매력적이야"라는 긍정에너지를 부여하자.

스트레스를 관리하라

현대인의 거의 모든 만성질환은 바로 스트레스 반응에서 비롯된다. 장기적인 스트레스는 급속한 노화로 이어진다. 스트레스는 마음에서 일으키는 마음의 병이다. 행복한 삶을 위해서는 정서적 감정을 조절하는 능력과 스트레스를 관리하는 능력을 배양시켜야 한다.

한의사 최인원은 억압된 분노와 좌절감이 암을 만드는 주요인으로 작용한다고 한다. 그가 만난 많은 암환자들에게서 공통적으로 분노와 좌절감을 보았다고 한다.

1884년에 런던의 한 유명한 내과의사가 《마음이 육체에 미치는 영향의 예증들》이라는 책을 편찬했다. 마음에 두려움, 불안, 걱정, 흥분, 분노 갈등 등의 감정적 스트레스나 긴장을 느끼거나 스스로 환경을 지배할 수 없을 때 면역체계를 약화시키고 질병을 더 심화시킨다. 또한 근육이 뭉쳐서 정상적인 피의 흐름을 방해하여 병이 생긴다고 한다.

스트레스의 가장 큰 요인은 고통스러운 정서에서 비롯된 슬픔, 수치심, 불안 등 부정적이고 불쾌한 감정들이다. 그리고 기대했지만 이루지 못한 좌절된 기대들 때문이다. 스트레스를 관리하기 위해서는 우선 자신의 속상한 마음을 다룰 수 있어야 한다.

　우리가 상대방을 일부러 속상하게 하려는 경우는 별로 많지 않다. 그러나 알게 모르게 상대방을 속상하게 하는 경우가 있다. 상대를 속상하게 하는 근원은 어디에서 오는 것일까? 그것은 내가 미처 표현하지 못했던 속상한 감정이 단단하게 응어리가 되어 있던 것으로부터 나온다. 이 응어리 감정 상태를 오래도록 끌고 다니면 내 마음의 평안은 그 응어리에게 잠식되어 버린다. 그러다가 작은 분노의 상황을 만나게 되면 그 응어리는 캐릭터를 발휘한다. 눌러 놓았던 감정을 폭발시키며 상대를 향해 자신도 모르게 퍼붓는 나의 모습을 발견하는 것이다.

　대체적으로 감정 폭발을 유발시키는 나만의 반복적인 생각이 있을 것이다. 우리의 생각은 마음의 씨앗이 되어 작동하고 나의 느낌과 감정과 행동을 좌지우지한다.

　품질이 낮은 연료를 화로에 넣으면 시커먼 그을음이 생기듯 부정적인 생각으로 만들어진 연료는 마음에 그을음만 잔뜩 끼게 한다. 우리 마음에 나쁜 연기가 피어나지 않도록 부정적인 느낌을 일으키는 생각을 멈추어야 할 것이다.

　생각이란 과거의 경험들이 습관화되어 내 마음을 이끌어낸다. 생각이 내 마음을 종처럼 부리고, 생각은 곧 현실로 되어 버린다.

　생각의 속성은 내 마음의 날씨와 같다. 기분 나쁜 생각이 떠오르면 천둥·번개를 동반한 태풍이 되고 우울한 생각이 떠오르면 온통 우울한 생각의 구름이 낀다.

그리고 생각과 내 자신을 동일시할 때가 많다. 분노의 감정, 우울한 생각들이 몰려오면 우리는 그 늪에 오래도록 머물러 있는 경우가 많다. 힘들 때 잠시 주저앉아 있을 수는 있지만 우리는 그 시간을 존중하면서 고요한 기다림으로 가 보자. 순간의 생각을 잘못 붙잡으면 자살로 갈 수도 있다.

내가 고통스러운 것은 생각 자체가 아니다. 그 생각에 붙어 있는 좌절감, 외로움, 상실감 등과 같은 어려운 감정이 나를 고통스럽게 하는 것이다.

우리는 생각의 특징을 알아야 한다. 내 머리에서 떠오른 생각들이 모두가 사실은 아니다. 생각은 상황에 따라 잠시 일어났다가 다른 상황이 닥치면 다른 모양으로 옮겨 간다. 그래서 부정적이고 별 도움이 되지 않은 상황이면 빨리 알아차리고 늪에서 빠져나와 밝음을 바라봐야 할 것이다.

그러면 응어리 감정이 더 단단해지기 전에 연소시키려면 어떻게 해야 할까?

속상한 감정 및 서운한 감정을 초기에 놓치지 말고 잘 표현하고 잘 다뤄야 할 것이다. 표현할 때에는 내 마음의 흥분 상태가 가라앉았는지 확인할 필요가 있다. 흥분 상태가 충분히 진정되었을 때 자신이 느끼는 감정을 상대방에게 표현해야 한다. 우리는 자신의 감정을 표현하는 일이 많이 서툴다. 그래서 자신의 감정을 표현하는 연습이 필요하다. 처음엔 어색할 수 있지만 조금씩 조금씩 의도적인 연습을 통해 자신의 감정을 표현하다 보면 어느새 내 마음에 평안이 깃들고 내 주변의 소중한 사람들과의 관계도 돈독해지는 변화를 알 수 있다. 이러한 의도적인 노력을 하지 않을 경우 내 주변의 소중한 사람들과의 관계는 오히려 원수지간이 될 수도 있다. 내 마음도, 상대의 분위기도 준비되었을 때 부드럽고 낮은 말투로 말해 보자. 예를 들면 "내가 속이 좁고 욕심이 많아서인지 ○○ 때 당신에게 속상하고 서운해요. 당신이 조금 힘들더라도 나를 ○○식으로 대해 주면 어떨까요?"라고 말해 보자. 그러면 상대방도 내 마음을 알아챌 것이고 서로의 공간이 좀 더 확장될 것이다.

그러나 표현할 상대가 없을 때도 있을 것이다. 이러한 상황에서는 어떻게 해야 할까? 자신의 내면관찰이 필요하다. 나의 어린 시절의 트라우마와 연결되는지? 아니면 어린 시절 부모, 특히 엄마로부터 사랑과 인정을 받지 못해 타인으로부터 자꾸 사랑과 인정을 받고 싶어 하는지? 나의 내면의 상처가 타인의 행위로 인해 쉽게 덧나고 커지는 것은 아닌지 그래서 속상하고, 서운하고, 스스로 작아지는 느낌이 밀려드는 것은 아닌지를 살펴봐야 한다. 이럴 때에는 자신에게 말하자. "경희야! 많이 힘들고 외롭지? 내가 너를 더 사랑하고 더 지지해 줄게. 네 곁에 항상 내가 있을게! 걱정하지 마!"

서양 속담에 "감기에 걸리지 않으려거든 사랑에 빠져라"라는 말이 있다.

토론토 대학의 심리학자인 브라이언 베이커(Brian Baker)는 스트레스와 관련된 연구결과를 발표하였다. 베이커는 스트레스 수준이 몹시 높은 직장에서 일하는 201명의 기혼자들을 뽑아서 혈압을 재보았는데, 그들의 혈압은 당연히 높았다. 그리고 1년이 지나서 다시 재보니, 부부 사이가 좋은 기혼자들은 혈압 수치가 3 정도 떨어진 반면에, 부부 사이가 좋지 않은 기혼자들은 3 정도 더 올랐다. 부부간의 사랑이 건강을 높여준다는 연구 결과이다. **좋은 약을 먹는 것보다 좋은 마음을 먹는 것이 훨씬 건강에 좋다**는 것을 입증한 연구이다.

얼마 전 우리의 관심을 끌었던 인공지능 알파고와 이세돌 9단 간의 바둑대국이 있었다. 이세돌 9단은 알파고의 강력한 실력에 3국까지 게임을 내주었지만 강인한 정신력과 자신에 대한 믿음으로 심리적 압박감을 이겨내고 제4국에서는 결국 승리하였다. 이는 아마 인공지능과의 대국에서 인간이 얻은 마지막 승리가 될 것이다. 인간은 자신에 대한 믿음으로 성공할 수도 있지만, 심리적 스트레스를 관리하지 못한다면 매사 무너질 수도 있는 것이다.

어떤 사람들은 스트레스가 있을 때 더 의욕적으로 반응하는 '심리적으로 강한, 스트레스 저항형'의 사람들이 있다. 시카고 대학교의 심리학자들은 '스트레스가 심할수록 더욱 건강한' 사람들의 세 가지 공통된 정신태도를 발견한 바 있다.

첫째, 이들은 **변화와 도전에 대하여 적극적인 태도**를 갖는다. 권태와 싸우기 위하여 그들은 도전적인 삶을 살며 성장의 기회로 보려고 한다. 반대로, 스트레스에 도피적인 방책을 쓰는 사람은 스트레스 원인에 근본적인 접근을 하지 않는 '자멸적인 방책'을 사용한다. 이러한 스트레스는 "소화되지도 변화되지도 않고 끊임없는 되새김과 무의식적 선입견의 문제로 마음에 남아 있게 된다." 이것은 정신적으로 사람을 계속 침체시켜 마침내 더 병에 걸리기 쉬운 상태가 되게 한다.

두 번째 태도는 **헌신**이다. 건강한 사람들은 적극적으로 삶을 살아간다. 그들은 주변 환경에 적극적인 신념을 가지며, 다른 활동들도 흥미롭고 유용하게 중요한 의미를 지닌다.

세 번째, **자기의 삶을 스스로 조절**하고 있다고 느끼는 것이다. 자기 자신이 자신의 삶과 직업과 가정에 영향을 미치고 있다고 믿는 신념이다. 반대로 자신의 무능력을 느끼는 사람에게 우울증이 자주 찾아온다고 했다. 이런 사람에게는 육체의 질병이 함께 찾아온다는 것을 발견하였다.

스트레스는 없을 수 없다. **스트레스를 어떻게 받아들이느냐**에 따라 그 부정적인 에너지는 긍정적인 에너지로 아니면 더욱 부정적인 에너지로 바뀔 수 있음을 명심해야 한다. 가령 쓰레기가 있는데 그 쓰레기를 그냥 두면 쓰레기는 악취를 뿜으며 썩을 것이다. 그러나 쓰레기를 재가공하여 비료로 만든다면 식물을 잘 자라게 하여 우리에게 좋은 영양원이 될 것이고, 꽃에게 비료를 준다면 아름다운 꽃밭을 우리에게 선사할 것이다. 그러나 쓰레기는 계속 생산되며 이후 쓰레기를 제대로 관리하지 않으면 꽃밭이 쓰레기장으로 뒤바뀌는 것은 순식간이다. 그러므로 우리는 스트레스의 소리를 잘 듣고 잘 감싸 안고 달래 줘야 할 것이다.

있는 그대로 보라

진정한 자유는 있는 그대로 보는 것이다. 오만가지 잡다한 생각들은 자신이 만들어 낸 자기의식이다. 있는 그대로 체험하지 않고 나의 생각, 나의 경험, 나의 느낌 등에 집착하여 해석하고 나와 다르다는 것으로 인해서 갈등이 생기고 더 나아가서 미움과 분노로 연결된다.

우리는 사물을 볼 때 자기 사고대로 판단하고 생각하고 인지한다. 그래서 사물을 왜곡되게 바라본다든지 잘못된 생각으로 빚어진 상황들에 오히려 분노를 드러낸다. 자신을 보고 웃었다고 폭력을 행사했다는 뉴스를 본 적이 있을 것이다. 왜곡된 사고로 상대방을 비난하는 오류를 범하지 않으려면 상황에 대해 과장하지 않고 정확하게 반응해야 한다.

문제의 상황들은 일반적으로 외부의 문제가 아니다. 내부의 내 마음에서 비롯된다. 갈등을 일으키는 사람들은 대부분 상황과 맥락과 조건을 무시한 채 자기중심적으로 판단하여 사실을 왜곡하고 억지를 부리는 경우이다. 있는 그대로 보는 훈련이 반드시 필요하다.

사랑에 대해서 생각해보자;

사랑을 있는 그대로 느끼면 참으로 아름답다. 사랑의 느낌은 참으로 다양해서 사랑의 감정 그 자체는 호기심을 자극하고 창의적인 아름다움을 생성하게 한다. 사랑은 생물학적+문화적+정신적인 것들이 복합적으로 얽혀서 신비롭고 강력한 감정으로 연결되기 때문인데 오히려 이러한 강력한 감정은 사람을 자유롭지 못하게 하기도 한다. 사랑하는 사람을 소유하고 싶고 또한 사랑하는 사람에게 집착하게 한다. 그래서 우리는 사랑에 매이고 싶지는 않지만 어쩔 수 없이 사랑에 매여 괴롭다. 사랑의 관계는 서로 성장할 수 있도록 지지해 주고 함께 느끼는 것이다. 그런데 사랑하는 사람에게 나는 가장 소중한 존재이길 바라고 내가 사랑하는 사람을 남에게 빼앗길까 봐 질투하고 힘들어 한다.

사랑의 과정은 자신의 무의식이 가장 잘 드러나는 현장이다. 사랑의 과정에서 자신을 진실하게 관찰해 보면 즉 깊은 내면의 터치를 통해 '자신의 참모습', '진정한 나'를 보는 데 많은 도움이 될 것이다.

사랑의 근원은 모성 사랑이다. 영유아기 때 모성 사랑의 결핍과 공허감이 우리 마음 깊숙한 곳에 느낌으로 남아 있다. 그리고 결핍된 부분과 공허감을 외부에서 찾아 사랑으로 채우려 한다. 그러나 어렸을 때 받았던 모성의 결핍에 대한 감정을 나도 모르게 사랑하는 사람에게 투사하게 되어 사랑을 이루는 과정에 큰 영향을 미치게 된다. 내가 사랑하는 사람 그 자체로 인정해 주어야 한다. 지금 내가 사랑하는 사람은 어렸을 때의 내 어머니가 아니고 내 아버지가 아니다. 그런데 무의식적으로 내 사랑의 과정에서 연결되어 자신을 힘들게 한다.

실제 사례를 들어 얘기해 보자.

대학생인 여자는 집안에서 셋째 딸이고 동생인 막내가 아들이다. 아들을 선호했던 아버지는 세 번째에도 딸이 태어나자 기대했던 아들이 아니라는 이유로 실망하여 셋째 딸에게 심리적 학대를 하였다. 엄마도 아들을 출산하지 못했다는 죄의식으로 셋째 딸을 무관심으로 대했다. 여자는 대학시절 사랑을 나눴던 대상인 남자에게서 조금의 불안감을 느끼면 무의식적으로 아버지와 동일시하였다. 아버지에게서 못다 받은 사랑을 끝없이 요구하고 때론 아버지에 대한 불신을 사랑의 대상인 남자에게 투사하여 지나친 분노를 표출하기도 하였다. 남자는 여자 친구를 사랑하기는 하지만 종잡을 수 없는 그녀의 태도를 감당하기 어려웠다. 결국 남자는 여자에게 이별을 선언하고 모든 소통을 끊어 버렸는데 여자는 이별의 아픔에 몹시 힘들어했다. 이러한 잃어버림에 대한 좌절감을 옆에서 지켜보는 필자도 마음이 아팠다. 필자는 여자가 마음을 추스를 때까지 치환대상이 되기로 했다. 그렇게 마음을 주고받았고 여자는 점점 현실을 인식하고 어느 정도 마음의 정리가 되었다.

이 여자의 슬픔은 어린 시절 해결하지 못한 감정이 큰 원인이 되었다. 해결되지 못한 감정과 유사한 감정을 느끼게 하는 상황에 처하거나 그 감정과 연관된 경험을 하게 되면 분노가 폭발적으로 일어나므로 조절하기가 쉽지 않다. 어린 시절 부모에 의해 양육받은 환경과 심리적 환경이 내 정신과 마음에 누적되어서 같은 패턴으로 살아가게 하는 것이다.

  이제 자신의 행동에 대한 정체를 알아차려야 한다. 과거의 내 모습은 부모의 심리적 요인이 강력하게 미쳐서 그냥 그렇게 하면 되었지만 이젠 깨어나 내가 내 자신을 건설적으로 이끌어갈 수 있는 힘을 가져야 한다. **나의 주인은 내가** 되어야 한다. 내면의 문제가 해결되면 부적절한 분노의 감정은 감소되고 감정조절이 훨씬 쉬워질 것이다.

심장으로 소통하라

심장으로 의사소통하면 인간관계가 많아지고 깊어진다!
 우리는 이 세상에 태어나는 순간부터 부모와 가족을 비롯한 수많은 인간관계 속에 놓인다. 그러므로 그들과의 의사소통만큼 중요한 것은 없을 것이다. 그럼에도 불구하고 우리의 소통방식은 너무나 서툴다. 소통은 언어적, 비언어적으로 상대방과 교류하게 하며 적절한 소통은 서로의 존중을 바탕으로 이루어지며 적절한 소통을 통하여 좋은 인간관계로 발전한다.
 건강한 소통은 서로의 생각, 감정, 느낌 등을 나눌 수 있는 통로이지만, 자신의 내면을 정확히 알고 그것을 적절하게 표현하여 상대방에 전달할 수 있어야 한다. 또한 상대방의 말을 잘 알아듣고 서로 진정성 있는 마음을 주고받아야 소통이라고 할 수 있다.
 서투른 소통은 인간관계를 망가트리고 파괴시킨다. 서투른 소통을 하는 사람들은 대체적으로 부모와의 잘못된 의사소통에서 비롯된 부분이 많다. 예를 들면, 자녀들이 감정을 표현하는 면에서 부모가 듣기 좋은 표현 및 경쟁사회에서 살아남기 위한 감정은 허용하지만, 불안, 분노, 슬픔, 두려움, 불확실성 같은 말이나 거절, 좌절감, 잘못

했다는 수치심 등에 대한 표현을 허용하지 않거나 억제시켰을 때 자녀들은 자신의 마음을 표현하는 방식을 제대로 배우지 못할 뿐더러 성장한 후 자신의 표현이 단절되거나 억압당했을 때 사회에서 용인되지 않은 비정상적인 방식의 분출구를 찾게 된다. 그러다 보면 분노, 우울증, 증오 등의 거칠고 과격한 행동으로 자신을 표현하게 되는 것이다.

진정한 의사소통은 심장, 즉 가슴으로 소통하는 것이다. 심장으로 소통하게 되면 원망, 미움, 증오 같은 쇠처럼 단단히 굳어 있는 마음도 녹일 수 있는데 그러기 위해서는 어머니처럼 부드럽고 친절하며 따뜻하게 모든 것을 보듬어 줄 수 있는 마음이 필요하다. 그러나 소통에서 가장 중요한 것은 자신을 숨김없이 진실하게 내보이는 일이다. 그리고 사랑과 지성이 조화된 허심탄회한 대화를 나눌 수 있는 정겨운 관계로 발전해 나가야 한다. 이는 상대의 능력을 인정하고 성장할 수 있도록 지지하는 관계이다. 이러한 관계는 삶을 풍요롭게 하고 인생의 보람을 느끼게 할 것이다. 소통할 수 있는 능력과 마음이 생겼을 때 사람들은 다른 사람을 힘들게 하거나 분노하게 만들지 않으며 자신의 감정과 지성을 동시에 표현할 수 있는 능력을 갖게 된다.

인간은 사회적 동물이기에 사람과 함께 살아야 한다. 인간이 사람과 함께 살지 못한다면 사람과의 관계를 갖지 못한다는 의미가 된다. 인간에게 있어 물질적인 풍요도 중요하지만 더 중요한 것은 인간적이고 아름다운 인간관계를 갖는 것이다. 우리는 살아가는 동안 한번쯤은 누군가 나를 화나게 하는 경우가 생긴다. 그러나 우리는 상대방과 똑같은 방식으로 분노를 표출하지 않도록 해야 한다. 감정을 표현하되 상대를 인간적으로 존중하고 상황이나 상대를 배려해야 한다는 것을 염두에 둬야 한다. 이러한 것들은 미리 훈련을 통해 몸에 배게 체화 해야 한다. 그리고 모든 인간관계에서의 주고받는 것에는 보이지 않은 법칙이 있다. 주고받는 관계적 의미는 주는 사람의 느낌보다 받는 사람의 느낌이 중요하다. 주는 사람이 아무리 좋은 것을 줬다 할지라도 받는 사람이 좋지 않은 것이라고 생각하면 그것은 좋지 않은 것이다. 주고받는 행위 속에서 느끼는 감정은 객관적 견해가 큰 의미로 작용하지 않는다. 가령, 짝사랑이나 스토커를 상상하면 이해가 될 것이다. 때문에 주고 싶은 것을 주는 대신에 상대가 원하는 것을 원하는 만큼, 필요한 시기에 주면 좋다.

우리는 누구나 마음속 깊은 곳에 분노의 씨앗을 갖고 있다. 그런데 똑같은 상황이더라도 어떤 사람은 화를 내지 않고 어떤 사람은 매우 흥분하여 분노를 쏟아낸다. 후자의 경우 그 사람 내면에는 화의 씨앗이 너무 많고 덩어리가 크기 때문이며 또한 분노를 처리하는 방법을 모르기 때문이다. 분노를 처리하는 방법이 미숙한 사람도 또한 큰 고통을 안고 살아간다.

자신의 마음 속 깊은 곳에 있는 분노를 청소해야 한다. 분노는 따뜻한 보살핌을 간절히 바라는 어린아이이다. 분노를 따뜻하게 보살피기 위해서는 내면의 어린아이의 아픈 소리에 귀를 귀 기울이는 엄마처럼 보듬고 감싸 안아 달래야 한다. 자신의 내면 탐색을 통해 분노의 씨앗을 자각했을 때 분노의 부정적 에너지는 감소하게 될 것이다.

자신의 화를 끌어안고 자각하면서 집중과 통찰을 통해 자신과 타인을 향해 심장으로 소통하다 보면 서로를 용서하고 서로에 대한 연민을 갖게 된다. 그러면 진정으로 분노와 증오로부터 해방될 수 있으며 자신과 타인과의 관계가 사랑으로 바뀌어 인간관계도 높일 수 있어 더욱 행복해질 수 있을 것이다.

분노와 사랑은 서로 유기적인 관계이다. 사랑은 증오로 변할 수 있다. 사랑의 꽃이 증오의 쓰레기로 변하는 것이다. 쓰레기를 다시 꽃피우기 위해서 어떻게 해야 할까.

베트남의 평화운동가 틱낫한은 자각과 통찰을 통해서 증오의 실체를 깊이 있게 들여다봄으로써 증오를 확인하고 어떻게 해서 증오가 생겼는지 파악하면 다시 사랑이 싹틀 수 있다고 하였다.

우리 마음속 쓰레기를 청소하면 마음속이 깨끗해지고 어수선하고 지저분했던 것이 말끔해지면 마음이 가벼워질 것이다. 그렇게 다시 꽃을 피울 수 있는 환경을 제공해야 한다.

다시 한 번 자신에게 강하게 말하라. **"난 두렵지 않아. 나는 증오를 사랑으로 바꾸어 놓을 수 있어"** 라고.

제5장

분노대처방법 5단계

멈추기
호흡·명상하기
주목하기
반성하기
반응하기

자신의 분노에는 역사가 있다.

분노는 우리에게 24시간 열려 있다. 분노의 표현방식에는 적극적 방식의 분노 표현과 소극적 방식의 분노 표현이 있다. 적극적 방식의 분노 표현에는 상대를 향해 공격성을 드러낸다. 특징을 보면 파괴적이고 공격적인 행동, 흥분되고 위협적인 행동, 약자를 괴롭히는 폭력 등으로 예측불허의 감정 표현 방식들이다.

소극적 방식의 분노 표현은 수동회피성 공격, 강박적 행동, 무력감, 냉정함, 억압 등의 안전한 방식으로 전환해서 표현된다. 또한 자신을 자책하거나 착한아이 콤플렉스의 자기희생 등의 특징을 나타내기도 한다.

종교의 경우, 분노를 표현하는 자를 향해서 화를 내지 말라고 했다. 왜일까? 분노를 표현하는 상태는 화산이 폭발하는 것과 같다. 화산이 폭발하는 곳을 향하여 맞대응하는 것은 지혜롭지 못한 것이다.

분노가 폭발할 때는 제정신을 잃고 분노가 주인이 된다. 다시 말하면 분노 폭발 시 잠시 자신의 이성적 판단은 순식간에 사라지고 분노만 활활 타오른다. 험상궂은 얼굴로 상대를 향해 고래고래 소리를 지르고 걷잡을 수 없는 물리적, 언어적 폭력을 행사하기도 한다. 이렇게 집착과 편견과 어리석음이 뒤범벅되었을 때에는 이성적 판단을 기대하기 어렵기 때문에 잠시 물러서 지켜보는 것이 오히려 지혜로운 것이다.

분노에 잘 대처하기 위해서 미리 연습해야 할 것들이 있다. 감정에 휘말려 최악의 선택을 하기 이전에 우리는 다음과 같은 단계를 미리 연습하여야 할 것이다.

★ 감정의 불균형을 지각한 때는

1단계 : 자신에게 **"냉철하게 선택해야 한다"** 라는 self talking 훈련을 평소에 해 놓아야 한다. 자신이 지닌 감정들이 어떤 것인지를 알게 되면 스스로에 대한 이해가 깊어진다.

2단계 : 자신이 화가 난 상태에서 행동했을 때 **어떤 일들이 발생할 수 있을지를 예상해** 본다. 분노는 모든 사람과 자신을 해치는 위험 요소이다. 분노의 파장에 휩싸이게 되면 평화와 행복이 사라진다.

3단계 : 자신의 파괴적인 **에너지를 분산**한다. 일부 사람들은 분노의 지배를 받는 삶을 살아간다. 자신의 생각과 언행으로 자신을 해치는 사람들은 자신의 천적이다. 자신에게 고통을 줄 따름이다. 분노가 많은 사람들은 길을 가다 누군가와 부딪히기만 해도 불같이 화를 낸다. 이것은 주변 환경 때문이라기보다 자신 안에 들어 있는 분노의 씨앗 때문이다. 누군가가 자신에게 화를 냈다고 같이 화를 내면 자신을 해치고 다른 사람도 상하게 할 것이다. 즉, "나는 상대가 나를 화나게 하는 것은 내 행동이 아니고 상대 그 사람의 행동이고 상대의 태도이므로 나는 그 부정적인 행동에 휘말리는 사람이 아니다."라고 자신에게 말한다.

4단계 : **긍정에너지를 극대화**한다. 자신이 가장 행복했던 때, 자신이 능력 있었던 때, 자신이 멋지다고 생각했을 때 등과 자신이 설계한 미래의 멋진 삶을 미리 자료로 수집해 뒀다가 분노 시 이 긍정에너지를 끌어와서 떠올리고 상상하며 누려본다. 또한 "나는 성숙하고 사려 깊은 사람이다. 나는 어떤 상황에서도 타인과의 문제가 있을 때 분노에 휩싸여 행동하지 않고 자신과 상대를 이해하며 차분한 마음을 갖는다"고 스스로에게 주문을 거는 것도 좋은 방법이다.

5단계 : 결과를 인지해 본 다음 건강하고 **행복한 방향**을 선택한다. 분노는 압력밥솥과도 같기 때문에 맞대응하는 것은 활활 타는 불길에 기름을 붓는 격이다. 분노의 배후에 도사리고 있는 심리적 원인을 자각하는 일이 분노를 줄일 수 있는 근원적 방법일 것이다. 그리고 전겸구 박사가 ≪분노워크북≫에서 제시한 분노에 대처하기 위한 또 다른 방법을 소개하고자 한다.

멈추기

분노에는 먼저 **징후**가 있다. 마음의 밝음과 명랑함이 줄어들거나 마음이 어두워지거나 흥분되기도 한다. 이 징후를 자각하고 자신을 진정시키고 잠시 멈춘다. 자신의 감정이 어떻게 흘러가고 있는지 잘 들여다보면 분노의 징후를 감지할 수 있다. 분노의 징후 시 잠깐 반응을 자제하고 분노의 결과에 대해서 생각해 보는 것이다.

감정적으로 흥분하기 시작했을 때,

스스로에게 마음을 가라앉히는 말을 다음과 같이 시도해 본나.

- 누가 옳거나 그른 것이 아니다.
- 우리는 단지 다른 기대를 가지고 있을 뿐이다.
- 상대방이 무슨 말을 하든, 나는 내가 괜찮은 사람이라는 것을 잘 알고 있다.
- 상대방을 비난하거나 판단하지 않는다.
- 상대방이 큰 소리로 말해도, 나는 목소리를 작게 하고 목소리를 낮춘다.
- 상대방이 화를 내도 나는 상대를 비꼬거나 공격하는 것을 멈춘다.
- 화를 내는 것은 나에게 나쁜 결과를 가져올뿐더러 나에게 아무런

도움이 되지 않는다.

화는 낼만한 가치가 없다. 사람은 분노가 치밀어 오를 때에는 이성을 쉽게 잃는다. 그러므로 분노로는 어떠한 문제를 해결할 수 없다. 분노가 인다는 것은 내게 해결해야 할 문제가 있다는 신호이므로 오히려 우리는 그 문제를 다루어야 하는 것이다. 이렇게 분노 상황에 이르러 침착하게 대처하다 보면 화는 더 이상 나지 않고 저절로 멈추게 될 것이다.

분노가 조금씩 가라앉으면 마음을 편하게 한 다음 앞으로 어떻게 할 것인지 생각한다. 내가 원하는 것을 얻기 위해서 화내는 것이 도움이 되는지 스스로에게 물어 보자.

호흡 · 명상하기

분노 발생 시 의도적으로 깊은 호흡을 하면서 몸과 마음을 진정시킨다. 호흡·명상은 몸의 순환을 도와주고 심신의 안정과 평화로움을 가져다준다. 물론 건강에도 좋다. 몸 안의 독소를 배출시키고 몸을 따뜻하게 만들어 혈액순환을 원활하게 하고 폐와 뇌를 정화시켜 머리를 맑게 해 준다.

분노가 자주 일어나거나 부정적인 생각이 많은 사람은 호흡에 집중해 보는 것을 권하고 싶다. 스트레스가 만병에 근원인 것처럼 분노도 만병의 근원이다. 그러므로 우리는 분노 발생 시 대처능력을 습관화해야 한다. 그리고 일상생활에서 호흡·명상을 꾸준히 연습하다 보면 자신의 감정을 미리 알아차릴 수 있다. **분노가 올라오는 징후를 느꼈다면 자신을 잠시 멈추고 호흡·명상의 단계로** 옮겨 간다.

한국인은 문화적 특성상 화병이라는 고유한 질병에 노출되어 있다. 화병은 화를 참고 견디는 것이 미덕이라는 우리나라 전통문화적 환경 속에서 정작 내 마음속의 화를 제대로 된 방식으로 처리하지 못한 채 내버려 두었던 것이 제일 큰 요인이다.

분노를 조절하고 관리해야만 건강한 삶을 살아갈 수 있다. 호흡·명상을 하면 자신의 분노의 요인을 알아차리고 지혜로 조절하고 관리할 수 있는 능력이 증진된다. 대체로 호흡·명상 시 무심에서 하지만 독자 여러분은 깊은 의식을 갖고 다음과 같은 방법들을 생활 속에 적용해 보기 바란다.

호흡에도 여러 가지 방법이 있다. 예를 들어 3·3 호흡, 엄지검지 호흡, 우짜이 호흡, 복식 호흡, 흉식 호흡, 풀무 호흡 등 다양하다.
필자는 요가를 하면서 흉식 호흡을 주로 하고 있다. 배는 그대로 머물러 있고 숨을 쉬면서 흉곽이 늘어나게 하는 것이다.
또 다른 호흡으로 코로 숨을 3초~6초간 천천히 고르게 들이마시고 호흡을 보낼 때는 입으로 하—소리를 내면서 안에 있는 호흡을 밖으로 천천히 보낸다. 마치 파도의 썰물과 밀물이 들어왔다 나가는 것처럼 진행을 하는 것이다.
복식 호흡은 배로 숨을 쉬는 호흡법이다. 숨을 들이마실 때는 배를 풍선처럼 부풀리고 내쉴 때 풍선에 바람이 빠진 것처럼 배가 들어가게 하는 방법이다. 코로 숨을 들이마실 때 속으로 천천히 '1, 2, 3, 4, 5'라고 숫자를 센다. 다음 들이마신 숨을 잠시 정지한 후 배를 천천히 집어넣으면서 다섯까지 숫자를 세면서 천천히 코로 호흡을 보낸다. 복식 호흡은 내장지방 연소를 촉진하는데 도움이 되어 다이어트에도 효과가 있다고 한다.

엄지검지 호흡법도 있다. 오른손 엄지로 오른쪽 콧구멍을 막고 왼쪽 콧구멍으로 숨을 내쉰다. 다시 왼쪽 콧구멍으로 숨을 들이마시고 약지 손가락으로 왼쪽 코를 막고 잠시 숨을 멈춘다. 오른쪽 콧구멍을 막고 있는 엄지손가락을 풀어 숨을 내쉰다.

주목하기

호흡·명상을 할 때 사물을 깊이 보면서 다음과 같은 방법으로 주목하기 바란다.

자신의 몸에 주목하고, 마음에 주목하고, 감정에 주목해 본다.
나는 인생을 어떻게 살 것인가?
나는 어떻게 살아갈 것인가?
나는 인생을 어떻게 진행할 것인가?

몸을 주목할 때 몸의 발끝에서 머리끝까지 그리고 오장육부까지 몸의 감각이 어떤지를 관찰한다. 몸이 이러한 감정들을 어떻게 느끼는지? 얼굴, 목, 어깨, 가슴 등에 어떠한 변화가 있는지? 그리고 마음이 평안한지 아니면 불안한지 관찰을 하면서 만약 불안하다면 무엇이 불안한지를 관찰해 본다. 그리고 자신의 감정을 경험해 본다. 감정이 분노와 두려움, 탐욕, 걱정, 열망 등으로 고통을 느끼는지를 들여다본다.

판단하지 말고 괴로운 감정을 존재적 현상이 아니라 생리적 현상으로 경험하도록 한다.

감정의 느낌이란 내면에 흐르는 강과 같은 것이다. 각각의 느낌은 그 강물 속의 물방울 하나하나와 같다. 각각의 느낌들이 어떻게 이루어진 것인지를 관찰한다. 행복해지는 것을 막고 있는 것이 무엇인지를 주목해 본다.

우리의 잘못된 지각들이 스스로에게 고통과 괴로움을 가져다준다는 것을 알아야 한다. 화가 나더라도 5분 이상 지금의 이러한 현상을 명확하고 침착하게 주목하자. 분노의 감정의 내용을 '화를 내고 있는 나'에서 '분노를 경험하고 있는 나'로 바꾸어 주목해 보자. **분노의 내용이 뚜렷하게 보인다면 분노는 당장 쓰레기통에** 버린다.

지금 이 순간 왜 이러한 것인지를 알게 되면 자신이 지닌 고통을 편안한 마음으로 받아들이기 쉬워진다.

현명한 사람은 자신의 감정과 분노에 대해 직접 바라보고 바로 알아차린다. 우리도 호흡·명상을 통해 분노를 다스릴 수 있는 습관을 몸과 마음에 스며들게 하자.

반성하기

이 분노가 어디에서 오는가?
이 분노의 이면에 어떤 역사가 있는가?
지금 나는 무엇에 불평을 느끼고 무엇이 불만인가?
내 열등감과 연결되어 있는가? 등의 상황을 있는 그대로 바라본다.
이 느낌이 다른 사람과 관련되어 있으면 그 사람 입장이 되어 자신을 바라본다.

"모든 사람들은 행복하기를 바란다!"를 상기한다면 스스로 반성의 기회를 가져보는 것이다. 또한 내 자신이 행복해지기를 진정으로 원한다면 지금 바로 불평불만을 내려놓으면 된다. 불평불만을 내려놓지 않는 것은 자신의 무의식에 "나는 고통 받기를 원해"라고 하는 것과 같은 의미다.

현명한 사람은 이것저것 따지지 않고 큰 마음으로 관대하게 행동한다. 또한 항상 즐거운 마음으로 내 마음을 다잡는다. 유쾌하게 자기 일에 몰두하고 전념하면서 내 정신은 이성적 상태를 유지하려고 해야 한다.

현대인의 가장 큰 적은 분노이다.

부정적이고 비관적인 마음과 정서는 몸의 교감신경을 흥분시키고 혈관을 수축시켜 순환의 장애를 일으키고 내장기관에 이상이 찾아올 뿐더러 간에 무리가 생긴다. 화가 난 상태는 소화능력도 떨어진다. 이게 모두 마음에서 연결되어 있는 것이다. 지금이라도 내 성격과 마음을 바꿔야 한다고 반성해야 한다.

자신의 언행은 의지의 열매이다. 의지란 우리의 말과 행동을 이끌어내는 에너지 역할을 한다. 긍정적이고 낙천적인 생각을 스스로에게 의도적으로라도 주입시키다 보면 내 몸과 마음은 어느덧 평화로워지고 내가 살아가는 일상생활에서는 성공과 부, 좋은 일들을 끌어당기는 에너지로 작용한다.

우리는 지금 당장 시도해야 한다. 소망의 기원을 담아 다음과 같은 말들을 내면화시키면서 반성해 보자.

- 나는 남의 삶과 비교하지 않는다.
- 나는 내 자신에게 넉넉한 마음을 갖는다.
- 나는 언제나 능동적이다.
- 내 삶은 언제나 긍정에너지가 넘친다.
- 나는 불평불만을 하지 않는다.
- 나는 항상 감사하다.
- 나는 미워하는 마음을 가지지 않는다.
- 나는 내 삶을 만족하며 즐거움을 주변과 함께 나누고 함께 공감한다.

- 나의 일상과 나의 일터에서 나는 이성적 마음을 유지한다.
- 나는 언제나 내 건강과 체력이 증진되는 것은 안다.
- 내 운명과 내 인생과 내 삶이 긍정적으로 바뀐다.

위와 같은 자기 암시가 내면화될 수 있도록 노력하다 보면 우리의 삶은 어느 순간 바뀌어 있음을 알게 된다. 내 주변은 투명하고 밝으며 긍정적인 사람으로 넘쳐날 것이다. 또한 인간관계가 좋아지게 되어 성공 확률도 높아질 것이다.

반응하기

마음이 분노로 가득 차 있을 때는 어떠한 반응도 하지 말아야 한다. 말도 하지 말고 어떤 행동도 하지 말아야 한다. 분노 발생 시 섣불리 말을 하거나 행동을 하는 것은 지혜롭지 못하고 후회로 얼룩질 수 있다.

분노는 비난의 고통스러운 결과로부터 자신을 보호하기 위한 정당한 반응이다. 그러나 상대로부터 비난을 받을 때의 반응이 화를 내는 것이라면 그것은 더 큰 화를 불러일으키는 결과를 낳게 되고 문제해결은 더 어렵게 된다. 분노가 일어난다면 긍정의 에너지 지대를 만들어서 그곳이 부모처럼 따뜻함과 관대함으로 분노를 감싸 안고 보살펴서 긍정적인 결과만을 생각하고 가장 긍정적인 반응을 하도록 해야 한다.

화를 내는 사람은 대체로 효과적인 의사소통 방법을 모르는 사람이다. 자신에 대한 자긍심이 높은 사람은 상대방의 예기치 못한 언행, 또는 나의 단점을 지적하거나, 언급하는 상황에서도 모든 것을 알고 있었다는 듯이 여유롭게 반응한다. 사실 우리가 예상하지 못한 언행을 만날 수 있는 경우는 그렇게 많지 않다.

우리는 상대로부터 좋은 사람이라는 말을 들을 수도 있고, 좋지 않은 사람이라는 말을 들을 수도 있다. 우리가 상대에게 어떻게 보이려고 할 필요는 없다. 나는 나를 보여줄 뿐이다. 사람들은 자기 나름대로 반응할 수 있다는 것을 알고 있기만 하면 된다. 나의 생각과 행동과 반응이 자유롭듯 상대방의 생각과 행동과 반응도 자유롭고 다르다는 것을 이해하면 되는 것이다.

- 호흡에 집중하고 감정에 반응하지 않도록 잠시 멈춘다.
- 몸으로 돌아와, 고통스러운 감정이 몸에서 어떻게 느껴지는가를 지켜본다. 판단하지 말고 그냥 경험한다. 이 단계에서 감정적 괴로움을 존재적인 현상이 아니고 생리적 현장으로 경험하는 것이다.
- 자신의 내면으로 들어가 이 감정은 어디에서 왔는지 자신을 바라보고 "누구나 행복을 원한다"는 문장을 기억하자.
- 상황의 의미를 재구성하고 재해석한다.
- 자신과 타인을 연민의 마음으로 바라본다.
- 분노를 일으킨 촉발인자가 자신의 과거와 어떻게 연결되고, 나의 분노가 다른 사람의 눈에는 어떻게 보일지 생각해 본다. 그리고 이 상황에서 친절과 측은지심을 적용하여 최적의 반응은 어떤 것일지를 판단한다.
- 긍정적인 결과를 생각한다. 이 상황에서 반응은 아주 중요하지만 실제 행동하지 않아도 된다. 긍정적인 반응을 상상하고 생각한다.

- 끝으로, 주먹을 꽉 쥐고 현재의 감정을 움켜쥔다. 그런 다음 천천히 손가락을 펴면서 분노의 감정을 멀리 떠나보낸다.
- 마음을 더 안정의 곳으로 옮겨 그곳에서 쉬게 한다.

★ 분노치유의 4단계

1단계 : 고통, 괴로움, 스트레스
2단계 : 1단계의 원인은 무엇인가?
3단계 : 1, 2단계에서 벗어나는 기법 찾아 행하기
4단계 : 성숙한 삶이 길

1단계 : 고통, 괴로움, 스트레스
자신에게 고통, 괴로움, 스트레스는 어떤 것인지를 인식하는 것이다.

2단계 : 1단계의 원인은 무엇인가를 알아야 한다.
우리 내면에는 3세~5세의 연약하고 상처받은 어린아이가 있다. 분노의 숨은 원인들이다. 분노의 원인이 되는 고통과 좌절의 뿌리는 부모가 자녀를 양육하면서 아무 생각 없이 던진 상처에서 연유된다. 내 안에 있는 서너 살 먹은 그 아이는 두려움과 좌절로 가득 차 있었다.

아이는 부모에게 자신의 두려움과 좌절을 호소하고 싶었으나 부모는 아이의 눈을 들여다볼 여유도 없이 그 시기를 지나치고 말았다. 그동안 아이는 자신의 괴로움과 고통을 적절히 표현할 능력을 잃어가고 말았고 상처는 그대로 마음 깊은 곳에서 누적되어 남겨진다.

우리의 고통을 좁게 본다면 대체적으로 3가지로 나눠볼 수 있다.

첫째는 **자신을 남과 비교**하는 것으로부터 온다. 자신을 남과 비교하면 우리는 작아질 수밖에 없다. 그렇지 않더라도 내가 남보다 우월하다고 교만하여 잘난 척 하다 보면 상대에게 상처를 줄 수 있는데 그 상처가 부메랑처럼 내게 다시 되돌아온다.

둘째는 **자기중심적 사랑**이다. 즉, 사랑의 집착이다. 내가 원하는 사랑이 오지 않으면 상대를 괴롭히거나 공격적이게 된다. 사랑한다는 것은 이해한다는 의미이다. 이해가 결여된 사랑은 참된 사랑이 아니다.

셋째는 **자신의 비합리적 견해**에서 온다. 심리학자 Ellis는 사람에 따라서는 심리적인 장애를 유발할 수 있는 잘못된 신념을 성격처럼 지니고 있는 경우가 있다고 보았다. 예를 들면 어떤 사람들은 "나는 다른 사람에게 좋은 인상을 줘야 한다.", "내 주변 사람들은 나한테 잘해야 한다." 등의 신념들을 은연중에 갖게 되는데 이것을 비합리적 신념이라고 하였다. 심리치료학자 Beck은 우울증 환자의 임상치료에서 이러한 비합리적 사고를 많이 지니고 있음을 발견하였다. 본인은 의식하지 않지만 심리적 구조적으로 왜곡하는 경향이 있는데 다음과 같은 비현실적인 인지적 오류들을 지니고 있다는 것을 발견하였다.

① <u>이분법적인 흑백논리적 사고.</u> 우리는 인간관계에서뿐만 아니라 거의 모든 상황에서 긍정적인 경험도 하고 부정적인 경험도 한다. 그런데 이분법적인 사고를 지닌 사람은 부정적 경험을 한 번이라도 하면 모든 경험을 부정적으로 보고 낙제라고 생각한다. 비근한 예로 너무나 사랑한 남녀가 결혼을 했는데, 결혼생활에서 서로 다투고서는 헤어지자고 하는 것과 같다.

② <u>임의적으로 추론하여 결론</u> 내리는 것이다. 상대방의 상황을 고려해 보거나 들어 보지도 않고 자기 나름대로 상상해서 부정적인 결론을 내리는 것이다. 이런 사례는 영화나 드라마를 통해서도 익숙할 것이다. 남편이 먼 나라에 돈 벌러 갔다가 어느 날 갑자기 집에 돌아와 보니 아내가 어떤 남자(사실은 친척이었다)와 식탁에 앉아 식사를 하는 모습을 보고 새로운 연인이 생긴 것으로 추론해서 떠나 버린다든지 나쁜 결론으로 내리는 경향들이 있다.

③ <u>선택적 선택</u>이다. 선택적 여과의 성향을 지닌 사람은 전체의 맥락을 보지 않고 특정한 부정적 부분을 선택하여 판단한 뒤 타인에게 무시당했다고 받아들이는 것들이다.

기타 과잉일반화한다든지 어떤 사건을 과장하는, 극대화하는 경향 및 극소화하는 사고방식 등에서 고통이 유발할 수 있다.

3단계 : 1, 2단계에서 벗어나는 기법 찾아 행하기

원인을 줄이거나 없애기 위한 대처방안을 찾아 몸으로 익혀 그 대처방안이 습관이 되고 일상이 되어야 한다. 누구나 자신의 내면에 꽃과 쓰레기를 동시에 지니고 있다. 내 마음 속에는 긍정의 기쁨과 행복의 씨앗도 있지만 또 한편에는 부정적인 고통과 분노의 씨앗도 있다는 것을 알아야 한다. 마음은 땅과 같다. 부정의 씨앗이 있다고 해서 염려할 필요가 없다. 부정의 씨앗을 어떻게 대처할 것인가에 대한 방법을 익히면 되는 것이다. 두려움과 고통은 자신의 정신적 에너지를 소모시킨다. 넘치는 에너지를 가지려면 내 안의 기쁨과 행복의 씨앗을 사용하고 느껴야 한다. 단지 우리는 그러한 기쁨과 행복의 씨앗을 그냥 내버려둔 채 사용하지 않고 있을 뿐이다.

고통과 분노에서 벗어나기 위해서는 자신을 현명한지 현명하지 못한지 판별해야 한다. 현명한 고찰이라는 것은 자신의 평화, 밝음, 행복, 사랑을 느끼는 것이다. 현명하지 못한 고찰은 분노, 슬픔, 비관, 갈등과 같이 평화를 깨트리는 것으로 자신을 고통과 괴로움으로 이끌어 가는 것이다.

마음을 차분하게 하고 평안한 상태를 유지하는 방법을 알면 우리는 말과 행동에 행복과 평안의 느낌을 누릴 수 있다. 스스로가 자신의 벗이 되어 자신에게 사랑의 에너지를 주고 격려하면서 자신과 타인에게 의미 있는 친구가 되는 것이다.

현명한 것을 가꾸고 키우고 현명하지 못한 것은 놓아 버리면

된다. 화가 나면 미소를 지어보라. 그리고 자신의 분노에 대해 화내지 말고 나의 내면의 아이에게 이렇게 말하라. "그래, 내 안에 화가 들어 있는 것 알아." "나는 왜 화가 났을까?" 화가 났다는 것을 인정하고 이해하면서 보살펴라. 아직 화가 남았더라도 엄마가 아이를 안아 아이의 마음을 편안하게 해 주는 것처럼 분노를 보살펴라.

4단계 : 성숙한 삶의 길

3단계가 자동으로 되면 자신의 삶은 성숙한 삶의 길에서 살아가게 된다.

제6장
성공과 행복 증진을 위하여

인도의 《선데이 미드데이》가 선정한 인도를 변화시킨 10인 가운데 라즈니쉬가 있다. 라즈니쉬는 인간이 항상 준수해야 하는 유일한 의무는 행복해지려는 것이라고 말했다. "행복을 자신의 종교로 삼아라. 만일 자신이 행복하지 않다면 분명 뭔가 잘못된 것이고, 따라서 어떤 극적인 변화가 필요하다. 즉, 행복해지기 위한 노력이 필요하다."

행복해지기 위해서 만족하기

만족을 알아야 행복해진다. 우리의 욕심과 욕망이 행복을 방해한다. 욕심과 욕망을 버리는 순간 우리의 삶 전체는 축제로 가득해질 것이다. 우리는 욕심이라는 등짐을 지고 끙끙거린다. 그 짐은 너무 무거워 즐거운 축제의 입구까지도 못 가게 하므로 축제의 즐거움은 당연히 누리지 못하는 것이다.

여러분은 어떤 등짐을 지고 있는가. 좋은 집, 좋은 차, 명품가방, 투쟁, 미움 등등의 욕망에 짓눌려 인생의 달콤한 순간을 바람처럼 날려버린다. 엄밀히 관찰하면 우리는 이미 삶에 필요한 것들을 모두 가지고 있다. 하지만 가진 것에는 만족하지 못하기 때문에 축제에 참여하지 못하는 것이다. 축제에 참여하기 위한 요건은 만족하는 마음만 있으면 된다. 그것만으로도 우리는 환희에 찬 축제를 즐길 수 있다. **삶은 지금 딱 이 순간이다.** 현재의 순간에 만족하면서 이 순간을 산다면 지금의 이 모습은 더 멋진 미래인 것이다.

성공한 사람 가운데 완벽주의자를 많이 볼 수 있다. 우리가 볼 때에 그는 이미 많은 것을 성취했고 모두가 인정하지만 정작 그는 자신의 성취 수준에 만족하지 못한다. 완벽주의자는 자신이 성취한 것에 대한 기쁨을 잘 느끼지 못하고 자신의 존재 가치를 저하시킨다. 이러한 사람은 대부분 어린 시절 부모가 자녀의 수준 이상의 것을 기대하고 그 기대를 충족시켰을 때에만 인정받았을 것이다. 어린 자녀는 부모의 기대 수준에 미치지 못했다는 느낌 때문에 자신의 존재 가치를 제대로 느끼지 못하면서 자랐던 것이다. 이처럼 우리가 만족을 하지 못하는 근본적 원인을 찾기 위해서는 어린 시절 부모가 조성했던 심리적 환경이 어떠했는지 살펴보는 것도 중요하다.

인간의 가장 기본적인 사랑은 엄마의 사랑이다. 엄마가 행복했다면 자녀는 엄마로부터 행복과 만족을 배우면서 자랐을 것이다. 만족을 하지 못하는 심리적 환경에는 차갑고 냉정한 부모가 있다. 특히 성마른 성격의 엄마도 어린 시절에 따뜻한 보살핌이나 양육을 제대로 받지 못했거나 포근히 안겨 본 경험과 느낌이 거의 없고 조그마한 서투름에도 지적받으며 지냈던 경험들을 갖고 있을 것이다.

따뜻한 양육과 돌봄을 받아야 하는 시기에 충분한 돌봄을 받지 못하면 은연중에 따뜻한 돌봄과 사랑을 향한 갈망이 지속된다. 갈망하는 마음 상태가 지속되다 보면 습관처럼 굳어져 자신의 항상성으로 남아 일상이 되어 버리는 것이다. 갈망은 이미 굳어져 있기 때문에 원하는 것이 채워져도 무조건 갈망할 뿐 만족을 느끼는 게 어렵다. 욕구의 불만족을 충족시키고자 하는 자동적 사고와 자동적 행동이 일상의 삶에서 표현되고 채워도 채워지지 않는 공허감을 채우기 위한 병리적 중독현상까지 진행된다. 결국 이러한 사람들의 삶은 주변의 따뜻한 보살핌과 사랑을 알아채지 못하고 만족하지 못한 채 늘 허기와 갈증에 시달리게 되는 것이다.

어느 부모나 자녀를 사랑하는 마음은 갖고 있다. 하지만 부모도 그 부모의 부모로부터 받은 심리를 자녀에게 심리적 유전으로 전해지고 그것을 그대로 자녀에게 행하는 것이다. 하지만 사랑과 돌봄은 필요한 시기에 반드시 채워져야 한다.

어느 누구나 완벽한 사랑을 받지 못하였기 때문에 결핍을 갖는다. 엄마로부터 받은 사랑에 결핍이 있기에 지치지 않고 사랑받기 원하고, 인정받기를 원하는 집착을 갖게 되는 것이다. 다만 정도의 차이가 있겠지만 이 허기진 심리상태에서 자유롭지 못하는 것이 대부분이다. 집착에는 고통과 즐거움이 공존한다. 그래서 사랑은 즐거운 것만 있는 것이 아니라 고통도 수반되는 것임을 우리는 알아야 한다.

그러면 **어떻게 하면 고통에서 자유로워질 수 있을까?** 사랑과 집착의 대상은 소유의 대상이 아니라고 인식한다면 우리는 집착에서 자유로워질 수 있다. 그러나 그것은 말처럼 쉽지가 않다. 그러므로 우리는 스스로 깨닫고 훈련을 반복해야 한다.

집착에서 자유로워질 수 있는 방법은 내가 갖고 싶은 것을 다른 사람에게 주는 것이다. 다른 사람을 사랑스럽게 여기고, 다른 사람의 능력을 인정하고, 다른 사람이 갖고 있는 행복을 함께 느낌으로써 우리는 집착에서 조금씩 자유로워지고 행복과 만족이 가득한 삶을 누릴 수 있을 것이다. 이러한 부분들을 머리로만 이해하는 것이 아니라 몸으로 직접 실행하는 것이 중요하다. 그렇게 되면 나는 어린 시절 결핍과 좌절로 인해 허기진 마음이 긍정에너지로 채워지면서 내 주변으로부터 인정과 사랑과 존경을 받게 될 것이다.

행복에 먹이 주기

행복해지려면 "I want!"가 무엇인가를 알아야 한다. 그리고 행동하는 것이다. 나의 내면 깊숙한 곳에서 내가 진정으로 원하는 것을 알아채고 그것을 이루기 위해 실천한다면 행복해질 수 있다. 내가 행복하면 내 주변 사람들의 마음도 잘 보이게 된다. 그러므로 내가 원하는 것이 무엇인지, 주변 사람들이 원하는 것이 무엇인지 빠르게 인식할 수 있고 서로 원하는 것을 해 주면 좋은 관계가 될 수밖에 없다. 그리고 우리는 좋은 사람과의 관계를 오래 유지할 수 있다. 예를 들면, 버려진 강아지를 입양할 때 내가 행복하다면 집에 데려온 지 얼마 되지도 않아 나와 강아지 사이는 정말 소중한 관계가 되는 것과 같다.

행복한 삶의 비결은 **내가 원하고 좋아하는 일**을 하는 것이겠지만 또 하나 중요한 것은 **지금 내가 하는 일을 좋아하는 것**이다. 삶의 완성이란 없다. 너그럽고 여유로운 마음을 가져야 한다.

사람들은 행복을 원하지만 진정으로 행복해지기를 원하는지 의문스럽다. 행복은 평화로움을 바탕으로 누리고 만족하는 것이다. 삶의 모든 순간을 행복한 것으로 만들기 위해서는 지금 이 순간을 느끼고 내 마음을 평화롭게 가꾸며 주변의 소중한 사람들을 기억해야 한다.

즉, 행복할 수 있는 능력은 지금 이 순간부터 시작되는 것이다.

프랑스의 시인 르네 샤르는 "순간순간을 깊이 행복하게, 평화롭게 살라. 삶의 모든 순간은 세상과 화해할 수 있는 기회이며 세상을 행복한 곳으로 만들 수 있는 기회이다."라고 말했다.

행복은 자신의 삶을 확장시킨다. 우리는 건강하게 살기 위해 운동에 많은 시간을 투자한다. 행복은 신체의 건강보다 상위개념인 정신의 건강이다. 신체의 건강을 위해 운동하는 것처럼 행복을 위한 운동의 기준을 정하고 실천해야 한다.

행복을 찾기 위해 미래를 염려하고 미래에 투자하는 것보다는 지금 이 순간에 무엇을 해야 하고 무엇을 하지 말아야 하는 것을 감지해야 한다. 현재를 돌보는 것은 곧 미래를 돌보는 것이다.

우리의 삶엔 패턴이 있다. 성공의 패턴과 실패의 패턴이 있는데, 나도 모르게 주로 사용하는 패턴이 있다. 긍정적 사고와 부정적 사고 사이에서 자신은 어디에 물을 주고 있는지 관찰을 해 봐야 한다. 생각 및 사고는 우리 행동의 출발점이 된다. 긍정적 생각은 생산적 행동을 낳을 것이고, 행복으로 연결될 것이다. 그러나 부정적 사고는 자신과 주변 사람에게 파괴적 행동으로 연결될 확률이 높다.

공공기관의 민원실이나 콜센터, 슈퍼마켓 계산원 등 자신보다 약자라고 생각되는 사람에게 혹은 익명에 기대어 자신의 분노를 쏟아내는 사람들이 있다. 분노는 대체적으로 만만한 곳에서 화풀이 형태로 폭발하기도 한다. 즉, 희생양을 찾는 것이다. 우리가 원했던 것을 성취하지 못했을 때 타인을 향해 발산하는 분노와 고통은 대부분 자기 내면의 불안과 두려움의 심리로 인한 것이다. 이러한 분노와 고통은 앞에서도 언급되었듯 어린 시절 엄마의 사랑과 인정에 대한 좌절의 경험과 느낌들이 일차적 원인이 되어 파생된 것들이다. 근원적 사랑의 결핍과 좌절된 사랑은 병리적으로 나타나기도 한다. 분노를 줄이기 위해서는 사랑과 인정, 연민을 키워서 마음의 독을 제거해야 한다.

자신의 화내는 모습을 본 적이 있는가? 없다면 화가 날 때 거울에 얼굴을 비춰 보라. 이마엔 주름이 가득하고 눈을 치켜뜬 채 얼굴이 붉으락푸르락거리며 잔뜩 일그러진 자신의 모습과 마주할 것이다. 그 고통과 분노의 원인이 바로 자기 자신이라는 사실을 알아차릴 때에 분노와 고통에서 벗어날 수 있다.

삶에는 문제가 있기 마련이다. 또한 고통도 있다. 그러나 이러한 **문제와 고통을 어떻게 받아들이느냐에 따라** 삶의 자원으로 활용할 수도 있고 고통과 괴로움으로 인해 삶의 실패자로 전락할 수도 있다. 분노를 정화시키고 누그러뜨리는 과정은 타인을 향한 사랑의 실천이다. 나의 소중한 사람들에게 사랑을 기원하고 행복을 기원하고 따뜻함과 연민의 마음을 갖는 것이다.

우리는 항상 선택해야 할 상황에 놓인다. 어디에 먹이를 줄 것인지는 자신의 선택에 달려 있다. 그러나 우리는 무의식적 자신의 패턴대로 삶을 살아가고 선택한다. 이제라도 행복에 먹이를 주면 우리의 태도가 달라지고 습관이 달라져서 더 나은 삶의 행복이 나의 일상으로 자리 잡게 될 것이다.

> 누구든지 분노할 수 있지만 올바른 대상에게, 올바른 정도로, 올바른 시간에, 올바른 목적으로, 올바른 방식으로 분노하는 것은 쉬운 일이 아니다.
> – 고대 그리스 철학자, 아리스토텔레스 –

> 고통은
> 새로운 세계를 열어주는 문입니다.
> – 김수환 추기경 –

자신의 몸, 마음, 느낌 관찰 · 감지하기

자신을 관찰하려면, **자신과 마주하는 내면감별사**가 되어야 한다. 몸과 마음에서 일어나는 느낌의 변화를 정직하게 감지하는 훈련을 통해 자신을 있는 그대로(주관적으로 판단하려고 하지 말고) 객관적으로 관찰하고 마주보아야 한다.

먼저 내 몸에서 일어나는 것들을 감지해야 한다. 예를 들면, 내 어깨가 콕콕 쑤신다고 생각해 보자. "아! 경희의 어깨가 곡곡 쑤시는구나."라고 해야 한다. 그런데 우리는 어떻게 말하는가? "내 어깨가 너무 고생을 많이 해서 어깨가 너무 아파. 다리도 아프고. 남들은 건강한데 왜 나만 이렇게 아픈 거야, 남편을 잘못 만나 내가 이렇게 고생이 심한 거야."라고 하면서 판단하고 평가한다.

마음도 마찬가지이다. 화가 난다고 상상해 보자. 이럴 때 내 마음을 어떻게 관찰해야 할까? "경희가 화를 내고 있구나."라고 해야 한다. 그런데 우리는 "저 인간이 내 화를 이렇게 돋우니 내가 화를 낼 수밖에 없잖아!"라고 할 것이다. 그리고 잠시 고통으로만 그칠 수 있는 상황을 망상과 환상을 덧붙여서 괴로움으로 연장시키는 경우도 있다. 회사

일로 출장을 간 남편은 열심히 일을 하고 있는데 집에 있는 아내는 남편이 출장을 가서 혹시 허튼짓을 하는 것은 아닌가라는 망상과 착각을 덧붙여 사실이 아닌 것으로 괴로워하고 의심의 감정을 키우는 것 등의 경우이다.

자신을 멀리 떨어져서 지켜봐야 한다. 분노가 일어나면, 멀리 떨어져서 분노를 바라보아라. 여러분은 자신을 지켜보는 주시자가 되어야 한다. 분노는 자신으로부터 멀리 떨어진 곳에서 일어나는 현상이다. 자신과 분노 사이에 공간을 만들어 본다. 그리고 자신과 분노의 간격을 점점 더 넓혀 보라. 그러면 어느 순간 분노는 먼 곳으로 사라지고 있는 것을 느낄 수 있다.

몸과 마음에서 일어나고 사라지는 움직임의 상태들을 주시해야 한다. 어떻게 보면 마음에서 일어나는 모든 것이 마음의 작용이라고도 할 수 있다. 마음을 관찰하는 것만으로도 우리는 감정관리 수준을 높일 수 있고 성숙해질 수 있다.

마음은 생각, 느낌, 믿음, 견해 등의 주인이다. 마음은 외부에서 들어온 정보를 어떻게 포착하느냐에 따라 달라진다. 마음에 들어온 정보를 자신이 살아온 기억과 선입견, 경험들을 기초해 편집하고 재단하면서 기쁨과 괴로움으로 반응한다. 정보를 있는 그대로 받아들이지 못하고 자신의 주관적 견해를 첨가하여 상황을 바꾸고 재편집하는 것은 화를 더 키우는 꼴이 된다.

　마음속 온갖 감정들 즉, 시기, 질투, 분노, 괴로움, 우울, 원망 등의 감정이 진행되고 있음을 인식했다면 우리는 그 감정들을 잘 다독거려 줘야 한다. 아이가 울 때 엄마가 아이를 안고 달래면 아이는 울음을 그치지만 그렇지 않고 내버려두기만 한다면 아이는 더 고함을 지르고 울 것이다. 이 울음은 나를 쳐다봐 주고 달래 주기를 바라는 의미이다. 성장한 이후에는 스스로 내 마음속 아이를 잘 달래야 한다.

　그렇다면 어떻게 내 마음을 스스로 달랠 수 있을까? 화가 나면 화를 내고 있는 나를 지켜보자. 화를 내고 있는 나를 포근히 감싸 안고 다독거려야 한다. 그리고 화가 난 이유에 대해 내면 검색을 하면서 몸과 마음의 느낌을 관찰하고 지켜본다. 그러면 폭풍우 같은 분노는 잠시 호흡할 수 있다. 이러한 실행을 몇 번이고 반복하여 익숙해지면 이와 유사한 상황이 되더라도 화가 나지 않는 경험을 하게 될 것이다.

　느낌은 어떻게 관찰할 것인가? 뜨거운 커피를 마신다고 상상해 보자. 관찰 방법은 "커피가 뜨겁다"이다. 그런데 우리는 커피가 뜨거워서 좋다. 또는 커피가 뜨거우니까 냉커피보다 맛이 없다는 판단을 첨부해서 말을 한다. 이것은 느낌을 관찰하는 것이 아니라 느낌에 대한 나의 판단을 첨부하는 것이다.

　우리는 내 마음을 잘 이해하지 못하고 내 몸과 마음, 내 느낌이 어떻게 작동하는지 모르면서 상처받고 분노하고 아파한다. 그리고 자신을 파괴적인 행동으로 내 몰아치곤 한다. 우리는 일상의 모든 순간에서 자신이 무엇을 하는지 알아차려야 한다. 그러므로 우리는 자신의 몸과 마음 그리고 느낌을 관찰해야 한다. 내 생각으로 잘못 판단하거나 잘못 평가하는 것은 내면의 응어리의 매듭들이 장애를 일으키는 것이다.

자신의 내면에 잠재되어 있는 응어리와 매듭은 어떻게 알 수 있을까? 이 매듭들은 생각, 영상, 느낌, 말, 행동의 형태들로 나타나기 때문에 내 자신이 감지하고 인식을 해야만 알 수 있다. 예를 들면, 내가 왜 그런 행동을 반복적으로 하는 것인지, 주는 것 없이 괜히 미운 누군가가 있는지, 자신과 관련 없는 상황에서도 괜히 흥분하고 미워한다든지 등은 내면의 응어리의 매듭과 관련이 있다. 이러한 응어리의 매듭에 의식의 빛을 비춰서 자신과 어떤 관련이 있는지 깊이 파고 들어가면 응어리의 실체가 드러날 것이다.

그러므로 우리는 **몸을 통해 마음을 관찰**하고, **몸과 마음을 통해 느낌을 관찰**하고 **현상을 관찰**해야 한다.

마음의 평안 누리기

　웰빙 삶은 건강한 마음을 키우는 것이다. 웰빙 삶은 건강한 마음의 작용을 개발하고 키우되, 건강하지 않은 마음 작용은 멈추거나 줄이고자 하는 마음관리 능력을 키우기 위한 것이다. 그럼 웰빙의 건강한 마음을 방해하는 것들은 무엇일까? 기독교인들은 믿음, 소망, 사랑을 방해하는 것이며 불교 신자들은 욕심, 분노, 어리석음, 자신에 대한 집착, 분별하는 산란한 마음이라고 한다. 물론 어느 정도의 욕심은 우리 삶의 에너지와 동기가 되지만 정도를 넘는 욕심이나 분노 등은 자신의 육체적, 정신적 웰빙의 삶에 장애가 된다. 우리는 이러한 건강한 마음을 방해하는 장애물을 넘어가는 지혜가 필요하다. 그러려면 이 장애물을 관찰하고 장애물 앞에서 서성거리고 있는 자신을 봐야 할 것이다.

　자신을 보는 한 방법으로, 자신과 또 다른 자신과 마주하는 객관적 자세를 갖추는 것이다. 자신의 건강하지 않은 정신적 장애물을 알아차리는 지혜를 갖기 위한 훈련 또한 필요하다. 장애물이 무엇인지 알아야 장애물을 치울 수 있는 것이다. 어느 때 내가 분노를 일으키는지 분별해야 한다. 그리고 건강한 마음을 키우기 위해 믿음,

소망, 사랑을 배양하고 기쁜 마음과 평안한 마음, 연민의 마음을 키우기 위한 훈련을 해야 한다.

사랑을 키우기 위해서는 **사랑을 주어야** 한다. 자신과 타인의 행복을 바라는 마음으로 자신과 타인에게 유익이 될 수 있도록 행동하다 보면 자신과 타인을 향한 따뜻하고 사랑스러운 마음이 배양되는 것이다.

기쁜 마음을 키우기는 것은, **지금 여기에서 만족**하면 된다. 지금 이 순간을 누릴 수 있으면 되는 것이다. 이 순간을 누리는 훈련을 계속하다 보면 자동적으로 패턴이 형성되는데 너의 기쁨이 나의 기쁨으로 전이되는 능력이 생긴다. 그러면 삶은 좀 더 윤택해지고 기쁨은 지속적으로 연결되는 것이다.

자기 연민과 타인 연민을 키우는 것은, **자신과 타인의 고통에서 벗어나기를 바라는 마음**을 배양하는 것이다. 우리 주변에 자신을 뒷전에 두고 타인에게만 희생하는 하는 사람들을 볼 수 있다. 자신이 희생한다고 생각되면 언젠가는 억울함을 한탄하면서 분노가 일어날 수 있다. 자신의 희생이 아닌 자신을 사랑하고 자신과 타인의 고통을 공감하면서 그 마음을 다독거릴 때 타인과의 관계는 더욱 돈독해지고 자신은 건강한 삶을 살아가게 될 것이다.

위와 같은 마음들을 더욱 잘 배양하기 위해서 나의 소중한 사람들을 마음 앞으로 초대하여 그들의 이미지를 선명하게 만들어 보자. 그들 한 사람 한 사람에게 사랑과 연민과 행복을 기원하는 마음을 반복해서 가져 보자.

마음의 평안을 누리고 싶다는 것을 역설적으로 표현하면 마음이 고통스럽다는 것이다. 우리가 괴롭다는 것은 그 괴로움에의 원인이 있으며 그 괴로움의 원인을 제거하면 평안하게 살아갈 수 있다는 것이다. 어떻게 하면 고통의 바다 한가운데서, 고통의 파도에 휩쓸리지 않고 파도를 타는 방법을 익히고 관리할 수 있을까. 의식적 노력이 필요하다. 이러한 의식적 노력이 자동적 사고와 자동적 행동으로 체화될 수 있도록 반복적으로 훈련하여야 한다. 인간의 고통은 거의 자신의 감정이 만들어 내는 것이다. 이것을 이해한다면 고통은 훨씬 줄어들 것이다.

고통은 1차적 수준의 고통과 2차적 수준의 고통으로 나눌 수 있다.

1차적 수준의 고통은, 원래 그 자체이다.

2차적 수준의 고통은, 마음이 만들어 낸 주관적 고통이다.

어디까지가 1차적 고통이고, 어디까지가 2차적 고통인지 구별하는 자각과 인식증진이 필요하다. 상대가 나를 보고 "너는 키가 작아서 이 옷 잘 안 어울려"라고 한다면, '그래, 네가 나를 볼 때 내 키가 작아서 이 옷이 잘 안 어울리게 보이는구나. 아휴 기분 나뻐!'라고 생각한다면 짧은 고통만 뒤따르는 수준이다. 그런데 여기에서 그치지 않고 자신의 판단과 생각, 감정들을 덧붙여서 잠시의 고통이 괴로움으로 연장된 다면 2차적 수준의 괴로움이 오래도록 지속된다. 예를 들면, '네가 나를 무시해? 두고 보자. 언젠가 너에게 이 망신을 톡톡히 되갚아 줄 거야.' 라고 생각하는 것이다. 일차적 고통에 대한 반응으로 생겨난 판단과 감정들이 강력한 조건을 형성해 감정에 감정이 더해진다. 다양한 방어기제를 통해 불안, 갈등, 스트레스, 분노 등이 유발되고 더 큰 고통과 괴로움이 가중되어 몇 년의 세월이 흘러도 가슴속에 묻어 두고 미워하는 괴로움이다.

이러한 위험신호를 알아차리고 우리의 태도와 행동을 건설적인 방법으로 바꾸면 고통과 괴로움은 사라지고 마음의 평안함을 얻게 된다. 대체적으로 **고통의 근원은 집착**이다. 마음이 평화롭지 않다면 건강에 이상 징후가 나타난다. 우리의 몸은 마음의 고통을 알아차리는 홈그라운드이다.

몸으로 지혜 익히기

우리는 누구나 현실에 발을 딛고 살아간다. 그러므로 우리는 현실의 적응자가 되어야 한다. 이상적인 삶도 이상에 불과할 뿐 비현실적인 것이다. 그렇다면 현실에 발을 딛고 지혜로운 삶을 살아가기 위해서 어떻게 해야 할까?

필자가 심리학자의 길을 갈 수 있도록 동기를 주었던 고 임종렬 박사는 사회를 살아가는 조건으로 인간의 적응과 부적응을 다음과 같이 소개하였다.

사회적 적응은 성공인 승자를 낳는다. 승자로서 인생을 사는 사람은 산다는 것 자체를 좋아한다. 승자로 살아가는 사람들은 자신을 남과 비교하지 않으며 자신을 인정하고 믿음을 가지며 확신에 차 있다.

자기 자신에 확신을 갖고 있는 사람은 세속적인 일에 자기 자신을 헌신하지 않는다. 자기 자신이 되기를 갈망하며 다른 사람을 지배하려는 헛된 욕구나 겉치레 같은 것 때문에 자신이 가지고 있는 정력을 낭비하지 않는다. 진실에 가득 찬 참된 자기의 모습을 발현함으로써 만족한다.

자기답게 세상을 사는 사람은 자기 자신이 알고 있는 지식의 힘을 믿으며 다른 사람에 의해 자신의 인생이 잘못 가도록 내버려 두지 않고 어리석은 일에 말려들지 않으며 자기답게 세상과 환경에 어울리는 행동으로서 적응자의 힘을 갖는다.

자신의 환경과 관련된 다른 사람들의 인격을 존중하고 또한 이들을 이해하고 잘 되기를 바라며 이들과 어울리는 행동을 보여 자신의 개성을 부각시키면서 살아간다.

인생의 부적응자는 인생을 불행하게 살아가는 사람들이다. 인생을 불행하게 살아가는 사람 중에 사회적으로 성공은 했지만 사는 것이 불안하고 허기져서 계속 죽도록 질주만 하는 사람들을 볼 수 있다. 자신이 왜 이렇게 되어 버렸는지 의식하지 못하고 정신없이 살아왔다고들 한다. 이러한 사람들의 대부분은 자기 스스로가 이러한 삶을 원했기 때문에 그렇게 살아가는 것이다. 이러한 사람들 대부분은 자신의 과거의 불행했던 어린 시절의 경험에 의해 길러진 습관이 지금 어른이 된 후에도 그의 인격 속에 깊이 뿌리를 내리고 있어 그 사람의 성품이 되었고 남의 비위를 맞추거나 남에게 과시하기 위해 자기답게 살아가지 못하는, 어쩌면 아픈 사람들이다.

그러려면 과거의 스토리를 바꿔야 할 것이다. 인생을 불행하게 살아가는 사람들은 과거의 불행했던 자신의 인생에 집착하면서 한탄하고 인생을 허비한다. 과거에 불행했던 삶을 현재와 미래에까지 연결해 놓고 현실에 과거의 삶을 담가 버리는 것이다.

지혜를 몸으로 익히면 고통과 괴로움은 줄어들 것이다. 필자는 크리스챤이지만 불교에서는 지혜로운 가르침인 지혜를 몸으로 익히면 다음과 같이 8가지의 올바름(팔정도八正道)가 자라난다고 한다.

정견正見, 올바르게 본다는 것으로 사물을 편견 없이 있는 그대로 보는 것을 말한다. 분노가 일어날 때 분노를 지혜와 연민의 마음으로 마음이 평안했을 때 분노를 올바르게 표현하는 것이다.

정사유正思惟, 올바르게 판단한다는 것이며 올바르게 마음먹는다는 것이다. 지혜를 바탕으로 두면 화가 나더라도 정사유가 있으면 지혜로 자신을 보호하고 타인을 사랑하는 마음이 키워서 남도 보호하는 마음이 생길 것이다.

정어正語, 올바르게 말한다는 것으로 거짓이나 아첨하는 말이라든지 상대를 화나게 하는 말을 하지 않는다는 의미이다. 화가 났을 때 분노를 극복할 수 있는 지혜가 있어야 평안한 삶을 살아갈 수 있다.

정업正業, 올바르게 직업을 갖는다는 것이다. 직업에 귀천은 없지만 바르지 않거나 정당하지 않은 직업은 있다.

정명正命, 올바르게 생활한다. 자신과 사람에게 이로움을 주는 생활을 하는 것이다.

정정진正精進, 올바르게 노력한다. 우리는 행복을 위해 바름을 위한 노력을 끊임없이 유지해야 한다.

정념正念, 올바르게 알아차리는 것이다. 자신의 의식을 갖고 자신의 몸과 마음, 느낌에 집중하여 잠시도 놓치지 않고 계속 관찰, 탐색하는 것이다. 현재 지금 이 순간 일어나고 있는 현상을 알아차리는 것을 의미하며 관찰과 자각으로 참자기가 원함을 탐색하는 것을 말한다.

정정正定, 올바르게 집중한다는 것이다.

위의 8가지 방법을 삶에 잘 적용한다면 우리 몸과 마음은 자연스럽게 하나로 집중되어 자동적 사고와 자동적 행동이 지혜로워지고 뫔(몸+맘)이 조화를 이룰 것이다. 건강한 몸과 건강한 마음으로 지혜를 키워 만사가 형통하고 행복한 균형 잡힌 삶을 만들어 나갈 수 있을 것이다.

자신의 황금 찾기 – 자신의 꿈을 현실로

자신의 황금이란 진흙 속에 묻혀 있는 보석 같은 능력을 말하는데 이러한 잠재력은 자신의 내적 인식을 통해 발견할 수 있다. 즉 자신의 황금 찾기란 자신의 꿈을 현실로 발현시키기 위한 것이다.

미국 속담에 **"오늘은 남아 있는 내 인생의 첫 날이다(Today is the first day of the rest of my life)"** 라는 말이다. 좋은 때가 오기만을 기다리며 오늘 이 순간을 헛되이 보내는 것은 어리석은 사람이 할 일이다. 좋은 때는 오늘 바로 지금 이 순간에 충실하는 것이다.

독자 여러분들도 성공하고 싶을 것이다. 성공하고 싶다면 자신이 하고자 했던 계획들을 당장 이 순간부터 실천에 옮기는 것이다. 모든 일에는 해야 할 일과 하고 싶은 일들이 있을 것이다. 해야 할 일은 미루지 말고 꼭 실행에 옮기는 것이다. 그러면 성공한 인생의 대열에 동참할 수 있을 것이다.

존 맥도널드는 "잃어버린 인생의 광맥을 찾으려는 의욕이 생겼다면 그것은 인생의 새로운 탄생을 의미한다."고 하였다. 사람들은 누구나 자아 실현할 수 있는 잠재력을 가지고 있다. 그 잠재력을 현실로 끌어올리기 위해서는 자기 자신을 자기답게, 진실한 자신의 삶으로 살아야 한다. 그렇게 해야만 희망의 삶을 살아가는 생동감이 창출된다고 하였다.

사람은 누구나 자신의 내면에 참된 욕구를 가지고 있다. 이 참된 욕구를 실현하는 일이 참자기로 살아가게 하는 것이다. 칼 융은 이것을 '개성화'라고 하였고, 프로이트는 '개체화'라고 하였다.

인간은 참된 욕구를 찾기 위한 참된 여정을 가야만 한다. 참된 삶이라는 것은, 자신의 잠재능력과 가능성을 발굴하는 것이다. 자신의 잠재력과 가능성이 세상 밖으로 실현되지 않으면 방황하는 삶을 살면서 평화와 만족을 모르고 허무해진다.

신은 모든 인간에게 황금의 원석을 선물하였다. 그 황금을 내면에서 찾아 바깥세상으로 끄집어내야 한다. 자신이 가지고 있는 원석을 갈고 닦아 다이아몬드처럼 빛나게 하여 세상을 비추며 살아가는 것이 참된 삶이고 환희에 찬 삶이 되는 것이다.

자신의 황금을 찾으면서 염두에 두어야 할 부분이 있다. 그것은 현실 가능한 것인지 실현 불가능한 것인지 점검하는 것이다. 가능한 것을 바라면 불가능한 것도 이루어진다. 그러나 불가능한 것을 바라면 가능한 것조차 이루기 힘들다.

실현 불가능한 것을 갈구하는 것은 지금 이 순간을 허비하는 것이다. 실현 불가능한 것은 이상적이든지 비인간적인 것이거나 완벽한 것이거나 현실에 맞지 않는 것이다. 실현 불가능한 계획을 세우는 것은 무의식적 실패를 계획하는 것이고, 무의식적으로 자신을 괴롭히는 일이다. 이상을 너무 추구하거나 완벽을 추구하는 것은 비현실적이다. 그러므로 이때부터는 무엇을 하든 문제가 되거나 만족하지 못하는 상황이 되어 버린다. 현실에 맞는 계획을 설계하라. 그러면 자신의 계획은 완벽하게 이뤄질 수 있다. 또한 현재를 즐기는 것이 불안정에 대처하는 방법이다.

제 아무리 능력과 잠재력이 탁월하다고 하더라도 실현시키지 않으면 아무 소용없다. 우리는 자신의 전체 삶 중에서 여러 번 새로운 존재로 태어나야 한다. 자신의 삶을 실현시키지 못하면 인생살이는 방황하게 되고 자기도 모르는 은연중 슬프고 혼란스러운 마음을 가진 비참한 삶을 살아갈 수밖에 없다. 이것이 진짜 가난한 삶이다. 진정한 문제는 내면의 가난이다.

가진 것 없는 우리이지만 부유한 삶을 살 수 있는 방법이 있다. 자신이 진짜 원하는 것이 무엇인지 내면의 소리에 귀 기울이자. 내가 진짜 원하는 것이 무엇인지 찾기 어렵다면 어려서부터 해 보고 싶었던 것이 무엇이었는지를 꺼내 보면 좀 더 가까이 접근할 수 있다. 그리고 자신의 능력을 믿고 시도하는 것이다. 일단 시도만으로도 충분히 성공한 것이다.

사람은 자기답게 살기 위해서 세상에 태어났다. 자기답게 사는 사람은 자신을 하나의 독특한 개체로서 인식하며 인격과 개성을 갖춘 사회인으로 스스로를 승화시키고 자신의 능력을 자유롭게 사용하는 것이다. 자기다운 삶을 살지 못하는 사람은 삶이 무료하고 자신이 왜 그렇게 되어 버렸는지에 대한 이유도 모른다. 그리고 자신의 삶에 대한 책임을 회피하고 자기가 가지고 있는 위대한 잠재력을 구현하지 못한 채 살아가는 것이다. 그들이 오늘의 인생을 허비하는 이유는 대체로 자신의 과거 불행했던 인생에 집착하여 과거의 괴로움을 현재와 미래에까지 연결시켜 놓고 현실을 놓쳐 버리기 때문이다. 이것은 인생을 더 어려운 궁지로 몰고 가며 인생의 중요한 것을 상실하게 한다.

새로운 미래를 원한다면 자신의 상상을 바꾸면 된다. 지금 자신의 모습은 과거의 내가 계획하고 상상한 결과이다. 우리 운명의 뿌리는 자신의 생각에서 비롯된다. 내가 바라는 운명대로 살아가기 위해서는 나는 내가 바라는 대로 생각과 상상을 했는지, 내가 바라는 대로 계획을 했는지, 내가 바라는 대로 행동을 하는지 진실한 점검이 필요하다. 사람들은 내가 바라는 대로 되지 않는다고 한탄하는데 그 속에 속임수가 있다. 바람대로 행동하지 않았고, 생각하지 않았고, 상상하지 않았다.

독자 여러분은 할 수 없다고 미리 포기하지 말라. 그렇게 되면 할 수 있는 것조차 할 수 없게 되고, 할 수 없는 것을 하면서 신세 한탄만 하게 된다. 그리고 신세 한탄하기 위한 합리적 구실을 찾기 위해 최선의 노력도 하지 않고 "봐~, 노력했는데 되지 않잖아."로 자신을 입증하려는 숨은 게임에 말려든다. 그렇게 인생은 악순환을 거듭하면서 자신의 언저리에서 맴도는 것이다.

지금부터라도 독자 여러분의 소원을 이루길 바란다.

자신의 소원이 가치 있는 목표라면 쉽고 빠르게 이루어질 수 있다.

원하는 바를 무제한 소유하는 것은 우리의 천부적인 권리이고 타고난 유산이다. 내가 원하는 모든 것은 내가 사용하고 누리기 위해서 존재한다. 내가 원하는 것을 아는 것은 오직 나 자신뿐이다. 그것들은 바로 나를 위해서 특별히 존재하는 것이다. 원하는 삶을 사는 데 사용할 수 있는 능력은 우리 모두에게 내재되어 있다. 다만 현명한 사람만이 자신을 발전시키고 실천하는 사람들만이 원하는 삶의 행복과 성공, 가치 있는 삶을 살아가게 된다.

그렇다면 왜 모든 생각이나 희망이 현실 속에서는 이루어지지 않는 것일까? 하지만 실제로는 많은 일들이 이루어지고 있다. 때론 실현되지 않은 희망들도 있지만 많은 것들이 우리가 부주의하게 그냥 흘려보내고 있었을 뿐이다. 좋아하는 음악을 들으려면 주파수를 정확하게 맞춰야 한다. 주파수를 잘 맞추지 않으면 잡음이 뒤섞여 지지지 소리만 듣게 된다. 방해되는 다른 생각들 없이 원하는 바에만 초점을 맞추면 우리의 마음은 여러 곳으로 분산되지 않고 한 방향으로만 힘을 쏟아 그 생각을 현실로 만들 수 있다.

그렇다면 우리가 원하는 바에 집중하지 못하게 하는 마음의 혼란은 어디에서 오는 것일까? 오랫동안 치우지 않아 온갖 잡동사니와 불필요한 장식물들이 어지럽게 놓인 방을 정리하듯 자신의 마음도 정리가 필요하다. 사람들은 자기 내면의 힘보다 더 큰 힘이 외부에 존재한다고 잘못 믿고 있다. 그러한 잘못된 믿음들이 마음속에 너저분하게 있으면 자신을 향한 집중을 방해한다. 가장 먼저 할 일은 자신의 목적에 필요한 것들만 남겨 두고 전부 치워 버리는 것이다. 내면을 고요히 정돈하면서 자신과 깊이 있게 마주하면 모든 건설적인 생각을 실현할 수 있는 우리 인생의 모든 상황과 조건을 지배하게 된다.

우리의 본질은 탁월한 능력이고 전능한 마음이다. 무엇보다 전능한 마음의 작용을 이해하는 것이 중요하다. 마음에는 바깥 마음이 있다. 바깥 마음에서 좀 더 깊이 들어가면 안 마음이다. 안 마음보다 더 깊은 곳에는 깊은 마음이 있다. 이 마음들의 역할은 다음과 같다.

- **바깥 마음**은 감각이 경험했던 것(시각·청각·촉각·미각·후각·통각 등)을 통해 외부와 접촉하면서 자신의 지각체계와 욕망을 결합하여 안 마음에 전달한다.
- **안 마음**은 자신 내면의 절대 권력자이다. 안 마음은 구분하고 차별하는 능력이 없다. 안 마음은 바깥 마음의 심부름꾼이며 오로지 바깥 마음의 전달을 받아서 자신의 무한한 힘과 능력을 바깥 마음에 알려주는 것이다.
- **깊은 마음**은 심리학에서 말하는 무의식의 마음의 영역이라고 말할 수 있다. 나도 모르는 내 마음이다. 프로이드는 무의식에 대해 스스로는 알지 못하지만 그 사람의 행동에 영향을 미치는 곳이라고 설명

한다. 의식에서 거부당한 욕구가 사라지지 않고 억압되어 숨는 곳도 무의식이다. 인간의 무의식의 심층에는 의식되지 않는 지식과 의식되지 않는 감정, 의식되지 않는 동기들이 있다. 칼 융이 말하는 개인 무의식은 깊은 마음의 영역이라고 본다. 칼 융은 심리적 무의식을 '의식적으로 자각되지 않은 심리적 시간들의 총체'라고 말한다. 자신의 깊은 마음속 심상들이 떠다니면서 자신의 사고와 행동에 지대한 역할을 하며 의식과 무의식의 부조화는 정신질환, 신경증 및 노이로제의 원인이 된다.

안 마음과 바깥 마음은 따로 작용하는 것이 아니라 서로 연결되어 있다. 따라서 이 두 마음의 관리자가 현명한지 어리석은지에 따라 그 결과의 좋고 나쁨이 결정된다. 바깥 마음은 자동으로 일정의 소망을 만들어 낸다. 안 마음은 이것을 비판 없이 즉각 받아들여서 현실에서 실현시킨다. 안 마음이 자신의 거대한 힘을 긍정적인 방향으로 쏟을 새도 없이 바깥 마음이 또다시 새로운 환상이나 가상의 장애물을 만들어 버리는 것이다. 바깥 마음이 바깥에 너무 오래 있으면 안으로 들어오지 못하고 자신의 진정성을 잃은 채 가면 속에서 가면을 쓰고 있는 줄도 모르며 살아갈 수 있다. 이와 반대로 지나치게 내성적인 사람은 내면의 노예가 되는 것이나 마찬가지이다. 인간관계 등 외부와의 소통이 부족하여 자신감을 상실하면 바깥으로 나오지 못하면 감옥에 갇혀 점점 자신에 구속되어 간다. 안 마음은 표면에 존재하지 않으므로 외부와 직접 접촉하는 바깥 마음의 안내를 받아야 한다.

그러다 보니 그 힘은 이리저리 흩어져 방황하면서 안정적이지 않다.

바깥 마음과 안 마음이 서로 잘 협력한다면 인간은 엄청난 능력을 발휘할 수 있다. 바깥 마음과 안 마음이 건강한 사람은 어느 곳에도 얽매이지 않고 자유롭게 소통하며 사회적 관계도 원활하여 삶을 잘 승화시키면서 살아간다. 또한 충동적이거나 현실을 소비하거나 편협하지 않다. 사회적으로 유용하고 생산적인 삶을 주도적으로 작동시키면서 환경과 조건에 끌려 다니지 않는다. 자신의 주도적 리더가 되어 효율적 활동을 하는 것이다.

우리의 소원과 꿈을 실현하고 싶다면 분명한 목표를 먼저 설정해야 한다. 안 마음은 마음의 빛이고, 바깥 마음은 마음의 그림자이다. 세상의 이치는 빛이 주도하고 그림자는 거기에 순응한다. 안 마음이 바로 서지 않으면 바깥 마음은 목적도 없이 떠돌아다니면서 무엇이든 무턱대고 받아들일 것이다. 그러나 안 마음이 분명한 목표의 심상을 확고하게 그리면 바깥 마음은 목표의 실행을 위해 일사불란한 움직임을 보여줄 것이다. 분명한 목표를 설정하지 않은 사람은 모든 방송의 주파수를 맞추느라 잡음과 소리를 구별할 수 없게 되어 결국 아무것도 얻지 못한다. 반면 분명한 목표를 세운 사람은 하나의 주파수에 집중하여 원하는 것을 얻는다. 그 목표가 달성되면 또 다른 주파수로 옮겨서 또 다른 것을 획득할 수 있는 것이다.

무언가 목표를 정하면 그것에 대한 생명력을 부여해야 한다. 마음속 목표에 대한 상을 확고하고 선명하게 유지하면서 계속 에너지를 공급

해야 한다. 여러 개의 목표를 설정하면 힘이 분산된다. 우선순위의 목표에 힘을 집중해서 실천해야 달성한다.

"나는 되고자 하는 나다", "나는 할 수 있다"라고 손에 힘을 주고 표현할 때 힘이 솟는다. 마음은 살아있는 생명체와 같아서 우리가 매일 밥을 먹듯이 마음에도 매일 영양분을 주어야 한다. 에너지를 보충하지 않고 계속 소모만 한다면, 결국 고갈될 것이고 힘이 생길 수 없다.

그렇다. 우리는 우리가 원하는 것 모두 가질 수 있고, 성공과 행복을 누릴 수 있다. 진정으로 중요한 것은 내면에서 벌어진다. 위의 마음의 구조를 조화롭게 적용하면 만족스러운 사회생활이 가능해진다. 혼자에 대한 불안이 줄어들고 사회 속 친밀한 인간관계를 통해 삶의 의미는 더욱 깊어질 것이다.

자신의 감정 에너지 활용하기

우선 감정 에너지가 무엇인지 살펴보자.

킨 린드너는 감정 에너지를 자신의 감정의 욕구, 욕망, 충동, 기분, 강박으로 표현하였다. 자신이 가진 감정의 에너지를 전략적으로 활용하여서 자신의 성공과 행복으로 연결하고 적재적소에 자신의 능력으로 사용할 수 있도록 관리하는 기술을 습득하자고 한다.

데이비드 호킨스 박사는 인간 의식의 스펙트럼을 분석할 수 있도록 에너지 수준을 수치화로 표기한 의식의 지도를 개발하였다. 호킨스 박사의 에너지 수준에 따른 인간의 의식 수준에 대해 간단하게 소개하고 자신의 감정 에너지 활용하기를 다뤄 보기로 하겠다.

가장 낮은 수준 수치심(에너지 수준 : 20)부터 가장 높은 깨달음(에너지 수준 : 700~1,000)이 있다. 우리의 관심을 끄는 항목들을 살펴보면, 사랑(에너지 수준: 500), 평화(에너지 수준: 600), 용기(에너지 수준: 200), **분노(에너지 수준: 150)**이다. 17가지 영역의 수준으로 나눠 수치화한 것 중에서 용기(에너지 수준: 200) 이하의 기본적 삶의 태도는 '살아남기'이고, '분노'와 '욕망'의 수준은 개인의 생존을 위해 자기 본위의 충동적 행동을 하는 단계이다.

제6장 성공과 행복 증진을 위하여

가장 낮은 수준은 결핍에서 오는 비참함, 수치심, 멸시 받은 영역이라는 것을 알 수 있다. 긍정과 부정의 갈림길이 되는 '용기'의 수준에 이르면, 다른 사람들의 안녕이 점차 중요하게 느껴지기 시작하는 수준이다. 자존심 수준에 이르면 살아남으려는 본능이 다른 사람에게도 중요하다는 것을 이해하게 된다. 500 이상의 수준에 이르면 다른 사람의 행복도 고려하게 되고 다른 사람에게 관심을 갖고 자신의 자아실현을 위해 삶의 기본적인 목표가 생긴다고 한다.

참고로 에너지 수준에 따른 인간의 의식 지도를 제시한다.

의식의 지도

에너지수준	수치	에너지수준	수치
깨달음	700~1,000	자존심	175
평화	600	**분노**	**150**
기쁨	540	욕망	125
사랑	500	두려움	100
이성	400	슬픔	75
포용	350	무기력	50
자발성	310	죄의식	30
중용	250	수치심	20
용기	200		

출처 : 데이비드 호킨스

이해를 돕기 위해 에너지 수준의 수치에 대한 부연 설명을 하면; 측정 숫자가 산수의 값이 아닌 대수의 값이다. 수준 300은 150의 두 배가 아니라, 300의 10승을 말한다. 그러므로 아주 작은 수치가 증가 하더라도 그 잠재력은 굉장한 진보를 이룩했음을 뜻한다고 한다.

수치의 증가에 따른 잠재력 증가 비율은 엄청난 것이다. 200 이상의 수준은 잠재력의 건설적인 표현이다.

의식의 여러 층들은 언제나 복합되어 있다. 현재의 의식 수준인 사람이 다른 조건을 만나면 전혀 다른 의식의 수준이 될 수 있다. 그러므로 개인의 총합적인 의식 수준은 다양한 여러 수준들을 합산한 결과로 보아야 한다.

우리는 위의 의식 지도를 교훈삼아 다시 한 번 삶을 다잡아 볼 부분을 생각해 보자. 호킨스는 이 모든 것은 삶의 질을 위한 희생이고 이 모든 것은 삶에 의미를 부여하기 위한 덕목들이라고 한다. 삶의 의미가 없어지면 절망에 빠지게 되고 완전히 의미를 상실하게 되면 삶을 저버린다고 한다.

잠재력 발산의 원칙에 자신의 삶을 맞추지 못하면 환상이 깨지는 공허감을 느낀다. 우리는 느낌에 의해 삶의 파도를 탄다. 삶은 가치관에 의해 선택되고 가치관은 내면의 패턴과 깊은 관련이 있는 것이다.

즉, 자신이 가지고 있는 부정적 감정들을 긍정의 에너지로 전환하는 것은 자신의 선택과 노력에 달려 있다. 인생에 있어서 선택할 필수적인 요소는 '지성과 감성' 두 가지 요소이다. 행복도 선택이고 불행도 선택이다. 독자 여러분은 행복해하기만 하라. 그러면 여러분의 행복이 여러분에게 불행을 떨쳐 내고 용기와 꿈을 향한 아름다운 선택을 할 것이다.

분노의 감정은 자신의 미래를 망치는 행동을 낳는다.

내면 깊숙이 자리 잡은 분노는 조건이 충족될 때마다 사회적으로 용인되지 않은 부정적 에너지를 강력하게 분출하여 자기 파괴적 행동을 일삼는다. 그로 인해 자신의 삶을 망치는 행동을 하게 되는 것이다. 하지만 분노도 때로는 건설적인 에너지원의 동기로 활용되기도 한다. 그러므로 감정 그 자체가 좋고 나쁘다기보다는, 감정에서 발생한 에너지 방향이 내 삶을 이롭게 하느냐 아니면 자기 파괴적으로 향하느냐라고 하는 방향성의 문제이다. 즉, 내면에서 분출된 강력한 에너지를 어떻게 선택하느냐에 따라 긍정적 활용이 될 수도 있고, 자신을 치명적 삶의 늪으로 데리고 갈 수도 있다.

독자 여러분도 잠시 멈춰 분노 감정을 선택함으로써 자신의 삶을 망쳤던 기억이 있는지 생각해 보자.

- 분노의 감정 선택으로 내 삶을 망쳤던 행동은?

사람들은 '무기력'이나 '슬픔'에서 벗어나 '두려움'을 극복할 수 있는 상태에 이르면 활기찬 무엇인가를 시작한다. 사람들의 '욕망'은 내가 가지지 못한 그 무엇의 의미를 내포하고 있으므로 좌절감을 초래한다. 그 좌절감이 '분노'를 가져오는 것이다.

앞서 언급하였듯이 분노는 파괴적일 수도 있고 건설적일 수도 있다. 그 이유는 분노가 억압된 사람들을 해방시키는 분기점이 될 수 있기 때문이다. 그러나 분노는 흔히 공격이나 복수로 표현되므로 폭발적이고 위험하다.

분노는 좌절된 욕구에서 발생한다. 좌절은 지나친 욕망에서 온다. 적당한 욕망은 자신을 성장시킬 수도 있지만 그 적당한 욕망은 아주 힘들다. 그러므로 분노는 증오로 전환되기 쉽고, 증오는 한 개인의 삶 전체를 파괴시키는 결과를 낳는다.

자신을 성장시키고 행복하기를 원한다면, **'구두끈 이론'**을 기억하자. 구두끈처럼 강력한 상호 작용을 통해 스스로의 부력을 강화시켜야만 한다.

분노의 감정 에너지를 자신의 성공 에너지로 전환시켜라. 분노의 문제는 분노 자체에 있는 것이 아니다. 어떤 상황을 바라보는 마음의 관점에서 비롯된다. 삶 자체를 짜증스럽고 재미없게 여기다 보면 사사롭고 별 문제도 아닌데 화를 낸다. 화를 내면 부정적 에너지가 발생하여 긍정의 에너지를 거의 소진시켜 버리고 꼭 필요한 곳에 사용될 에너지조차 소진시켜 무기력해지는 악순환이 거듭되는 것이다. 에너지가 없는 것은 무기력(에너지 수준:50)이다. 아무것도 하지 않고 의욕이 없는 것은 에너지가 없는 것이다. 그러나 분노는 에너지이다. 그러므로 우리가 이 에너지를 어디에, 어떻게 사용할 것인지 선택해야 한다.

우리는 늘 선택을 강요받는다. **이 선택을 통해 우리가 무엇을 얻고,**

무엇을 이룰 것인가에 대해 반드시 알아야 한다. 내 인생이 가고자 하는 삶의 목표와 가치에 합당하는지 의식하면서 선택한다면 감정에 휘둘리지 않고 통제할 수 있는 현명한 주인이 될 것이다.

긍정 에너지를 수혈하고 싶을 때 다음과 같은 방법을 적용해 보라.

• 사랑에 빠져 의욕이 넘쳤던 그때의 모습은 어땠는지?

• 꿈꿔왔던 것이 이루어졌을 때의 기분은 어땠는지?

자신의 감정을 전략적으로 활용하기 위해서는 목표와 꿈이 있어야 한다.

꿈은 동기를 유발할 수 있는 가장 강력한 동기다. 자신의 앞길을 방해하는 분노 감정에서 생기는 부정적 에너지를 통제하고 무력화 시킬 수 있는 긍정 에너지를 만드는 목표와 꿈을 가져야 한다. 그러면 분노는 사라질 것이다.

> **두려움의 모순 :**
>
> 두려움은 인생을 살아가는 데 큰 걸림돌이다. 그러나 두려움에서 나오는 강력한 에너지를 활용하면 삶의 원동력이 되고 동기로 활용할 수 있는 모순을 가지고 있다.
> － 어떤 격언

여러분이 간절히 바라던 것이 마침내 이루어졌을 때의 그 강력한 기분을 떠올려 보자. 그 에너지가 황금 에너지이다.

마음의 독소 제거하기

내 마음의 **독소를 제거하는 것은 내면의 고통의 씨앗을 불태우는 것**이다.

세상은 메아리처럼 내게 다시 돌아온다. 내가 세상을 사랑하면 세상도 나를 사랑하고 좋아한다. 그러나 내가 분노하면 세상도 나에게 분노한다.

우리가 갖는 온갖 **절망, 두려움은 일종의 독소**이다. 독소의 뿌리는 절망, 두려움에서 비롯되며 그러한 독소는 분노로 변형되어서 세상에 나와 활개를 친다. 마음의 독소를 해독하지 못하면 우리는 행복해질 수 없다.

우리가 갖는 두려움에서 비롯된 근심 · 걱정의 90% 이상은 마음의 상상이 만들어 낸 것이다. 나머지 10% 이하가 우리가 정말 염려하고 걱정해야 하는 진정한 두려움이라고 한다. 그리고 두려움은 우리 삶의 일부분이기도 하다. **두려움을 손님으로** 생각하자. 내 집에 손님이 오면 잠시 머물렀다가 결국 떠나기 마련이다. 길게 있어 봤자 며칠 혹은 몇 달 정도일 것이다. 손님이 잠시 머물러 있을 때 어떻게 맞을 것인지 준비만 되어 있다면 손님이 갑자기 찾아와도 혼란스럽지 않을 것이다. 손님을 접대할 용기를 갖자! 손님을 성장의 디딤돌로 활용하면 되는 것이다.

우리는 세상을 살아가면서 좋아하는 것만 하고 살 수 없다는 것을 잘 안다. 싫어하는 것도 꼭 해야만 하는 게 더불어 사는 세상이다. 싫어하는 것도 할 수 있는 것이 성숙한 사람이다. 아이였을 때는 하고 싶은 대로 하지만 시간이 흐르면 상대를 배려하고 자신의 고통도 견디면서 더불어 조화로운 관계를 유지할 수 있게 어른으로 성장하는 것이다. 좋아하는 것에만 매달리거나 집착하는 사람은 몸은 어른이지만 정신은 여전히 미성숙한 어린아이에 머물러 있는 것이다. 하고 싶지는 않지만 해야 하는 일을 시도함으로써 새롭게 태어나고 성숙한 어른으로 성장하는 것이다.

사람이 살다 보면 주변 사람에게 꽁한 감정이나 서운한 감정이 있기 마련이다. 이 서운한 감정을 미리 정리해 두지 않고 앙금으로 남겨 두면 바로 이것이 독소로 변한다. 내면의 독소는 어떤 작은 연관성만 포착되면 전혀 엉뚱한 곳에서 나도 모르게 나쁜 감정들을 쏟아 내게 한다. 상대로부터 기분 나쁜 기분을 느꼈거나 서운한 감정이 들었다면 내 마음의 상태를 먼저 알아차리고 의식해야 한다. 자신이 알아차리기 전에 내면의 독소가 먼저 활동하게 두면 상대로부터 받았던 상처보다 더 큰 상처를 나도 모르는 사이 상대에게 퍼붓게 되고 그러한 갈등 덩어리가 부메랑처럼, 메아리되어 결국 다시 내게 되돌아오는 것이다. 그러다보면 분노의 감정 보따리는 점점 더 커져 더 이상 감당하기 어려워지는 악순환이 거듭된다.

　우리가 주변에서 흔히 보는 것처럼 감정을 잘못 다뤄 소중했던 연인과의 관계가 원하지 않았던 이별로 연결되고 오랫동안 친구관계를 맺으며 쌓아올렸던 추억의 시간들이 순식간에 무너지기도 하고 분노와 미움으로 점철된 순간들이 쌓여 내 삶의 행복을 깨트리기도 한다.

　기쁨은 두려움과 분노의 해독제이다. 분노는 우리가 삶을 즐기지 않고 기뻐하지 않을 때 찾아온다. 삶을 즐기고 있으면 분노는 잔잔한 파도나 미풍처럼 살며시 왔다가 나도 모르는 사이 떠나 버린다.

　순간순간들의 작은 일상 속에서 기쁨을 누려야 한다. 갑자기 큰 기쁨이라는 것은 없다. 작은 기쁨들이 축적되어 큰 기쁨이 되고 자신의 성공과 행복을 이루는 큰 자양분이 된다.

자신의 분노관리 디자인

자신에게 좋은 규칙을 정한다. 필자가 불자는 아니지만 심리학을 공부하면서 불교철학을 가까이 하면서 심리학에 많이 활용하였다. 물론 어린 시절부터 교회를 다녔기에 불교철학에 대해서는 식견이 부족하지만 기독교의 십계명과 유사한 불가의 십선계가 말하고자 하는 사고, 발언, 행동의 목록을 소개하고자 한다.

• 사고에 관한 목록	1) 욕망을 억누른다. 2) 분노를 억누른다. 3) 그릇된 견해를 가지지 않는다.
• 발언에 관한 목록	4) 거짓말을 하지 않는다. 5) 험담을 하지 않는다. 6) 이간질을 하지 않는다. 7) 현란한 말을 하지 않는다.
• 행동에 관한 목록	8) 살아있는 것을 죽이지 않는다. 9) 도둑질하지 않는다. 10) 남녀의 도를 문란케 하지 않는다.

위의 십선계를 성실히 실천한다면 자신의 삶은 분노와 거리가 먼 덕망 높은 삶을 살아갈 수 있을 것이다.

우리 인생의 삶은 다음과 같은 8가지 괴로움이 있다고 한다.

생로병사의 4가지 고통, 미워하는 사람과 만나는 것, 사랑하는 사람과 헤어지는 것, 원하는 것을 갖지 못하는 것, 과거의 경험에 집착하는 것(오온의 작용에 의한 괴로움을 더한 것)이다.

필자는 특히 8번째 과거의 경험에 대한 집착으로 겪는 괴로움을 말하고자 한다. **과거를 해체하고 있는 그대로 보면 괴로움에서 자유로워질 것**이다. 그러나 그게 말처럼 쉽지 않기에 순간순간 자각하지 않으면 과거의 경험에서 얻어진(객관적 사실에서 벗어난) 자신의 견해, 가치관, 신념, 사고 등을 타인과의 관계에 적용하여 오해와 갈등을 유발하는 경우가 허다하다. 과거의 집착은 자신의 교만과 무지에 의해 비롯된다. 그렇기 때문에 타인과의 관계에서 자신도 자각하기 쉽지 않은 이면의 '나'를 내세우려는 마음이 좌절되고 손상되어 화가 나는 것이다.

어떻게 하면 과거의 집착을 줄일 수 있을까?

집착을 놓겠다고 씨름하기보다는 괴로움의 의미를 찾고 이해해야 한다. 괴로움의 크기가 감당할 수 있는 범위를 넘어서면, 괴로움의 원인인 나를 없애기 위해 자신을 자학하거나 자살을 하는 경향이 있다. '나'라는 경험의 자아, 즉 나의 감정, 느낌, 생각의 흐름들과 현실의 세상과 연결해서 현실의 가치와 모양이 어떻게 다른지 의식화해야 한다.

현실에 적응하려면 **살아있는 현실에 주목**해야 한다. 우리는 현실에 발을 딛고 살아가고 있다. 그 이상도 이하도 아닌 중용을 실천하는 일이 참으로 어렵지만 치우치지 않음의 언저리에서 균형을 잡고 살 수 있다면 괴로움은 최소화되고 세상과 조화롭게 살아갈 수 있을 것이다.

불평과 불만이 사라지면 괴로움도 사라진다. 불평·불만도 내면에서 만들어짐을 자각하고 긍정의 방향으로 전환시킬 수 있어야 한다. 그러려면 내면의 상처를 태워 버려야 한다.

내면의 상처는 누구에게나 있다. 그러나 그 상처를 어떻게 대하느냐에 따라 삶의 질은 달라진다. 어떤 사람은 자신의 상처만 들여다보고 신세 한탄과 증오와 억울함으로 한 평생을 보내면서 현실에 살지 못하고 과거에 머물러 자신의 삶을 망가뜨린다. 현명한 사람은 **내면의 상처의 씨앗을 치유해서 삶 전체가 의미 있고 기쁨으로** 채워간다. 자신의 상처를 치유하기 위해서 다음과 같이 방법을 시도해 보길 바란다.

일단 자신 내면의 상처들을 겉으로 드러내야 한다. 상처가 겉으로 드러나야 아물고 무뎌지기 때문이다. 심리적으로 약한 사람은 상처가 생기면 상처 근처에 아무도 접근하지 못하게 하고 조금만 건드리면 아프다고 화를 버럭 낸다. 상처는 감출수록 덧나고 커진다. 상처를 드러내는 것은 조금은 고통스럽겠지만 자신의 삶 전체에 비하면 아무 것도 아니다. 자신의 상처만 들여다보지 말고 상처의 늪에서 빠져 나와야 한다. 바깥으로 드러낸 상처에 밝은 빛을 비춰 주고 당당히 현실에 적응하도록 해야 한다. 처음엔 감추고 싶고 창피하지만 일단 바깥으로 드러내게 되면 별것 아니라는 인식이 갖춰지고 모든 것을 이해할 수 있게 되는 것이다.

오쇼 라즈니쉬는 "그대에게 화를 내는 사람들에게 휘둘릴 필요는 없다. 거기에는 딱 두 가지 가능성밖에 없다. 상대는 바른 말을 한 것뿐인데 그대가 괜히 모욕당했다고 느끼는 경우와, 상대가 얼토당토 않은 트집을 잡는 황당한 경우이다. 이 두 경우 모두 웃어넘기면 그만인 상황이다. 그러나 만일 상대가 옳다고 여겨진다면 그가 하는 말을 겸손하게 수용하라. 그대가 겸손하면 결코 자존심 상할 일이 없다. 이것이 핵심이다"라고 했다.

이제 자신에게 더 이상 **화내지 않겠다고 결심**하는 것이다. 화를 자주 내면 분노가 습관이 된다. 분노를 원하지 않는다면, 고통의 원인과 조건이 더 이상 생기지 않도록 노력을 해야 한다. 분노를 계속 폭발하다 보면, 화가 화를 부르기도 하지만 이 분노가 슬픔으로 바뀌는 에너지가 된다. 그 슬픔은 괴로움으로 내 안에 분노로 차 있어 다시 공격으로 분출되는 악순환이 된다. 화를 지나치게 자주 내면 내가 소중히 여기고 사랑한 사람들이 사라져 버린다. 그러므로 앞에서도 여러 번 강조했듯이 분노가 발생할 때에는 바로 그 순간 자각하고 자신의 행동이 부질없음을 알아차리는 것이 중요하다. 분노 시 자각은 분노에 휘둘리지 않고 분노를 통제할 수 있게 하는 힘을 부여한다.

감정의 온도가 아무리 높다고 하지만 시간이 지나면 온도는 내려가게 되어 있다. 온도가 내려가기를 잠시 기다리면 된다.

분노와 갈등 유발을 줄이려면, 논쟁을 일으키는 오염된 말을 버려야 한다. 논쟁적인 말은 피하고 좀 더 지지하는 말과 힘이 되는 기분 좋은 말을 해라. 그리고 긍정적 대안이 떠오르지 않으면 비판하지 말고 차라리 침묵하라.

심리학자 리처드 칼슨의 지금 당장 버리면 행복해지는 사소한 감정 7가지를 소개한다.

```
1. 화    - 느닷없이 치밀어오르는 화를 버려라
2. 불 안  - 나이들어 가는 것에 대한 불안을 버려라
3. 분 노  - 당신을 고통스럽게 하는 분노를 버려라
4. 질 병  - 삶을 힘들게 하는 질병의 고통을 버려라
5. 비효율 - 뜻한 바를 이루지 못하게 하는 비효율을 버려라
6. 무 시  - 타인에게 고통을 주는 무시하는 마음을 버려라
7. 집 착  - 증오와 슬픔에 대한 집착을 버려라
```

화가 나면 다음과 같은 방법들을 시도해 보자.

화가 난 상황이나 이유들을 종이에 적는다.

종이에 적힌 것들을 들여다보고 항목별로 따뜻한 위로를 해 준다.

그런 다음 종이를 불태워라.

또 다른 방법으로는 깨지지 않는 인형이나 방석을 마음껏 두드리고 집어 던져 버려라.

마음속에서 분노가 가라앉게 하자.

자신의 행복과 성공을 디자인하라

자신의 성공을 디자인하라.

성공을 디자인하기 위해서는 우선 목표를 세워야 할 것이다. 그러기 위해서는 우선적으로 주변 관리를 해야 한다. 주변에 불필요한 것들은 과감히 정리하는 자세가 필요하다. 우리의 일상생활 전반에서 주변 90%가 무익하다고 한다. 70년~80년대 우리에게 위급한 상황이 닥쳤을 때의 연락방법은 전보였다. 전보는 꼭 필요한 몇 자만 함축되었다. 우리 인생도 전보처럼 성공과 행복에 관련된 꼭 필요한 에너지만 사용할 수 있다면 에너지를 비축할 수 있을 것이다.

우리는 지금껏 익숙한 대로 그 안에서 살아간다. 지금보다 더 성공하고 싶다면 낡은 삶의 패턴에서 벗어나 새로운 것을 향해 도전해야 한다. 새로운 것은 익숙하지 않고 모르는 것이 많아 두려움을 갖기 쉽다. 그래서 낡은 것을 붙들고 그냥 살아가는지도 모른다. 그냥 살아간다는 것은 성공의 흐름을 멈추게 하는 것이다.

호킨스는 성공에 관하여 다음과 같이 말한다. "성공을 위해서는 원리를 준수하고 실현하는 것이 필요하다." 성공한 사람들과 같은 결과를 얻기 위해 그들이 행한 것을 우리도 실제로 따라해 보는 것이다. 그리고 '참된 성공'은 정신에 생기를 불어넣어 주고 자기 자신뿐만 아니라 주위의 모든 이들에게 활력을 준다. 진정으로 성공한 사람들은 거만하지 않고 마음이 따듯하며 성실하다. 그리고 성공과 실패 모두 자신의 책임으로 생각한다.

성공을 향한 사다리에는 모두 세 개의 계단이 있다고 한다. 첫 번째 계단에서는 우리가 '갖고 있는' 것을 중요시한다. 두 번째 계단은 자신이 '가진 것'에 의해서가 아니라 자신이 '무엇을 하는가'에 의해 결정된다. 즉 '무엇을 이루었느냐'가 이 계단에서는 중요하게 여겨진다. 세 번째 계단에서는 '자신이 어떤 사람이 될 것인지'에 의해 위상이 결정된다. 즉 내면의 잠재력이 갖는 우아함을 밖으로 표현하는 '멋'을 가지고 있다.

티벳의 영적 지도자 달라이 라마는 **"행복이란 삶의 목표이며, 삶의 모든 몸짓은 행복을 향해 가는 것이다!"** 라고 하였다.

그는 행복을 찾는 방법에 대해 자신의 가치를 알아가는 것이며 진정으로 행복해지려면 삶을 바라보는 시각과 사고방식을 바꿔야 한다고 말한다. 건강을 위해서 몸을 돌보듯이 행복을 위해서 부정적인 마음을 긍정의 마음으로 바꾸고 그것에 익숙해질 때까지 자신을 돌보는 시간을 꾸준히 관리해야 한다고 한다. 행복해지기 위한 구체적 실천 방법으로 다음과 같이 권한다.

아침에 눈을 뜨면 "난 오늘을 긍정적인 마음으로 보낼 것이다. 오늘 하루를 헛되이 낭비해선 안 된다."고 다짐하고 잠자리에 들기 전에는 오늘 하루를 내가 마음먹은 대로 보냈는가를 점검하면서 과거에 있던 부정적인 습관을 긍정적인 상태로 바꾸는 것이다.

자신의 행복은 자신의 손에 달려 있다. 행복을 가져오는 원인과 조건을 찾아야만 한다. 행복은 세상을 어떻게 보는가? 상황을 어떻게 받아들이며 자신이 가진 것에 만족하는가에 달려 있다. 행복하기 위해서는 자신이 가지고 있는 것을 키우고, 늘리고, 이용해야 한다. 물론 해로운 것은 제거해야 하겠다.

믿음은 곧 성장이다. 자신을 믿고 새로운 삶을 계속 시도해야 한다. 새로운 길은 새로운 경험을 선사한다. 그것은 자신을 더욱 풍요롭게 하고 삶을 향유할 수 있게 한다. 그러다 보면 어느덧 스스로 성숙해진 자신을 발견하고 성공의 기회와도 만나게 되는 것이다. 그리고 그 삶 자체가 성공이고 행복이다.

인간이 행복과 불행을 느끼는 것은 자신의 감정일 뿐 외부환경이 아니다. 여러분들도 경험이 있을 것이다. 똑같은 상황임에도 불구하고 오전에 기분이 좋으면 너그러워지고 오후에 기분이 나빠서 트집을 잡고 짜증을 냈던 경험 말이다. 필자가 생각하기에 **행복의 명약은 수용**이다. 수용이라는 열쇠로 모든 자물쇠를 열 수 있다. 수용하면 내가 변하고 타인도 감동하여 변화하기 시작한다. 갈등(독소)이 사라지고 행복을 누릴 수 있다.

심리학자인 리처드 칼슨은 "행복해지기 위해서는 그 선물의 귀중한 가치를 깨닫고, 그 안에 참된 행복이 있음을 진심으로 받아들여야 한다."고 하면서 "행복으로 가는 길이 따로 있는 것이 아니라 행복 그 자체가 길"이라고 말한다.

리처드 칼슨의 '행복을 위해 버려야 할 생각 8가지'를 소개하고자 한다.

어느 누구도 우리에게 불행을 강요하지 않는다. 다만 우리 스스로 불행을 선택할 뿐이다. 지금까지 불행했다면 의식적으로 행복을 선택하자. 자신의 삶을 희망으로 가득 채우기 위해서는 소신 있는 삶을 꾸려나가기 위한 사유가 필요하다.

리처드 칼슨의 '행복을 위해 버려야 할 생각 8가지'

1. 의심하는 마음을 버려라(가장 고통스러운 생각도 처음에는 작게 시작한다)
2. 두려움을 버려라
3. 부정적 생각을 버려라
4. 혼돈으로 이끄는 파괴적인 마음을 버려라
5. 마음의 상처를 버려라(천천히 어루만져서 상처를 치유한다)
6. 과거의 아픔을 버려라(덜 집착할수록 더 행복에 가까워진다)
7. 마음의 스트레스를 버려라(새로운 단계로 나아가라는 신호다)
8. 외면하고 싶은 마음을 버려라(내 도움이 필요한 사람에게 손을 내밀어라)

나는 누구인가?

나는 무엇을 원하는가?

사회적 존재로서 자신의 역할은 무엇인가?

나와 더불어 행복하기 위하여 어떻게 살아갈 것인가?

행복은 노력을 통해서만 얻을 수 있다.

김경희 교수의
분노사용설명서

인쇄 2017년 11월 28일
발행 2017년 12월 01일

지은이 김경희
발행인 서정환
펴낸곳 인간과문학사
주 소 서울시 종로구 삼일대로 32길 36(익선동 30-6 운현신화타워 빌딩) 305호
전 화 (02) 3675-3885, (063) 275-4000
팩 스 (063) 274-3131
E-mail human3885@naver.com inmun2013@hanmail.net
출판등록 제300-2013-10호
인쇄 · 제본 신아출판사

이 책의 저작권은 도서출판 인간과 문학, 저자에게 있습니다.
양측의 서면 동의 없는 무단 전재 및 복제를 금합니다.
저자와 협의하여 인지는 생략합니다.
잘못된 책은 바꿔 드립니다.

ISBN 979-11-6084-042-1 03810

값 12,000원

이 도서의 국립중앙도서관 출판예정도서목록(CIP)은 서지정보유통지원시스템 홈페이지
(http://seoji.nl.go.kr)와 국가자료공동목록시스템(http://www.nl.go.kr/kolisnet)에서
이용하실 수 있습니다.(CIP제어번호: CIP2017031560)

Printed in KOREA